Versuch
einer Prüfung der Lehre
vom
Thatbestand und der Thäterschaft
der
Verbrechen im Allgemeinen
und
des Verbrechens der Tödtung insbesondere
nach den Grundsätzen des Preuß. Rechts.

Von
C. G. L. Meyer,
Königl. Preuß. Ober-Appellations-Gerichts-Rath.

Berlin, 1836.
Verlag von Veit und Comp.

Dem Andenken

von

Christoph Karl Stübel

gewidmet.

Vorwort.

Die Lehre vom objectiven und subjectiven Thatbestande der Verbrechen, einer der Haupttheile des Criminalrechts, erscheint in den Preußischen Gesetzen theils so unklar, theils auf so unsicherer Basis beruhend, daß es nicht unzweckmäßig sein dürfte, die leitenden Grundsätze der Gesetze hervorzuheben, sie in ihrem Zusammenhang aufzufassen und in der Anwendung auf das Verbrechen der Tödtung zu concreter Anschauung zu bringen.

Eine Betrachtung der Art wird um so fruchtbringender sein, wenn sie nicht in Schulbegriffen und Distinctionen und in einer bestimmten Terminologie sich bewegt, sondern sofort ins Leben schreitend, allgemein verständlich und begriffsmäßig, die einzelnen logischen Sätze hervortreten und sich gestalten läßt, und wenn sie durch die Lebens-Erfahrung getragen, den betrachtenden Geist von abstracter Scepsis und Formalismus zur reichen Anschauung der in die Praxis tretenden Gesetze führt. Denn nur die Manifestation der Idee, welche mit Zeit und Verhältnissen sich beständig individualisirt und verändert, giebt ein klares Bild von ihrem Wirken, von ihrer Nützlichkeit und Güte, und zeigt der menschlichen Vernunft auch ihre Mängel und Schäden, ihre Lücken und ihren schädlichen Ueberfluß. Nur durch Anschauung der praktischen Folgen des Gesetzes vermag der Gesetzgeber den richtigen Standpunkt zu gewinnen und die Makel zu erkennen, bei denen er seine bessernde Hand anlegen, oder wenn das Gesetz seine Vernichtung in sich trägt, seine Aufhebung bestimmen muß.

Das Criminalrecht gerade, als der wichtigste Theil des Rechts, theils weil es die höchsten Güter des Menschen, Leben, Ehre, Freiheit umfaßt, theils weil es eben deshalb mit den religiösen, sittlichen, politischen Ansichten der Geschlechter wandelt, und eigene Färbungen annimmt, — insbesondere rücksichtlich der Begriffe einzelner Verbrechen und Strafarten, des Reats, des Beweises, — ist der individuellste Theil des Rechts; es lebt mit dem Volke, in demselben, und nimmt also die Begriffe des Volks in sich auf, es lebt die Schicksale der Menschen mit und giebt ein sicheres Bild von dem Geiste der Zeit, der Gesittung der Völker und ihrer Herrscher, von dem Stande der Rechtsbildung und der Vernunft-Idee im Allgemeinen.

Eine richtige Betrachtung der Criminal-Gesetze eines bestimmten Landes kann nur beruhen auf historischer Betrachtung des Volks, welche aber, wie sich von selbst versteht, nicht wie die Gegner der sogenannten historischen Schule vermeinen, sich von der Speculation geistlos entfernt, sondern eben diese durch das Individuelle zur positiveren gültigeren Idee leitet. Sie wahrt die Abstraction vor leeren und eiteln und so gefährlichen Schlüssen a priori, indem sie die Gestaltung eines jeden Rechts als solche auffasst, und wird so für das Leben allein gedeihlich. Denn so wie die äußere Natur, wenn auch auf allgemeinen Normen und Grundtypen ruhend, sich überall individualisirt, so noch vielmehr die geistige und innere.

Jedes Recht jedes Volkes ist eben das, als welches es erscheint, unter gewissen gegebenen Verhältnissen geworden und wird beständig modificirt. So einseitig daher die bloße Abstraction der falschen Philosophie ist, so ist noch mehr die todte den Buchstaben auffassende Rechtsansicht unbrauchbar und geistlos. Nur der Geist kann die Begriffe des Rechts auffassen und zeitgemäß umbilden, nur die auf den allgemeinen Grundsätzen des Rechts der Religion, Politik, Gesetzkunde u. s. w. beruhende philosophische Ansicht im wahren Sinne des Worts kann Leben in die Masse, kann das Recht zur Geltung bringen, wenn sich nicht Gesetze und Rechte als ewige Krankheit forterben sollen.

In diesem Geist hat der Verfasser geglaubt, auf dem unendlichen und leider noch immer zu wenig angebauten Gebiete des Preuß. Strafrechts einige Punkte beleuchten, und wie sie sich ihm gebildet, darstellen zu müssen. Es ist seine Absicht gewesen, zu zeigen, was die Gesetze bestimmen, und ob sie als solche zweckmäßig und gut erscheinen; es soll diese Monographie über einen wichtigen Theil des Strafrechts nicht die Form bloßer Kommentation annehmen, sie soll vielmehr versuchen, den Begriff aus dem Buchstaben zu construiren, allgemeinere Resultate herauszuziehen und zur Anschauung zu bringen. Sein Ziel wird erreicht sein, wenn die Kritik einiges Nützliche, sei es als Werksteine zur Codification, sei es als Fingerzeige für die Praxis, darin finden wird, jedenfalls aber Anregung zu wissenschaftlicher Beleuchtung so theurer Interessen gegeben, wenigstens der eingeschlagene Weg als der richtige bezeichnet worden, auf welchem dann Tüchtigere fortschreiten mögen.

Allgemeiner Theil.

Vom objectiven und subjectiven Thatbestande der Verbrechen überhaupt.

Einleitung.

Die Anwendung eines Strafgesetzes auf einen bestimmten Fall wird bedingt durch die Feststellung der Fragen:

1) ob ein Verbrechen begangen?

2) von wem es begangen worden?

3) ob die That ihm als Verbrechen zugerechnet werden kann? da eigentliche Strafgesetze nur denjenigen treffen, welcher eine That als gesetzlos und strafwürdig erkannt, dennoch aber entweder vorsätzlich oder aus Sorglosigkeit und Fahrlässigkeit begangen. Den allgemeinen Grundsatz nulla poena sine crimine erkennt auch das Preuß. Criminalrecht an, es frägt sich aber, um bei dem, was der nächste Vorwurf dieser Abhandlung ist, stehen zu bleiben: was gehört zum Thatbestand der Verbrechen im Allgemeinen? und rücksichtlich der Tödtung insbesondere? und zwar zuerst zum objectiven Thatbestande?

§. 1. Vom objectiven Thatbestande im Allgemeinen.

Welche Merkmale eine That an sich tragen muß, um sie zur strafbaren Handlung zu machen, welche Kriterien die Gesetze feststellen, um eine Handlung als solche zum

Verbrechen zu qualificiren, darüber giebt für das Preuß. Recht der Tit. 20. Thl. II. des Allgemeinen Landrechts Norm und Maaß. Es ist übrigens bekannt, daß dasselbe, weil es auch Volksbuch sein soll, eine Menge Bestimmungen enthält, die theils dem Polizeirecht angehören, theils moralische und sittliche Vorbeugungs- und Präventions-Bestimmungen sind, die dem reinen Criminalrecht fremd, hier gänzlich ausscheiden müssen, so wie sie denn auch in den Polizei-Codex zu verweisen und der Kirche und Schule anheim zu geben sind. Doch ist für den Standpunkt der Redactoren des Allgemeinen Landrechts anzuerkennen, daß Religion und Sittlichkeit und eine darauf gegründete Jugend- und Volkserziehung ihnen als Fundament aller gesetzlichen Ordnung erscheint, die durch Thätigkeit des Einzelnen in seiner Sphäre und durch das Walten der Obrigkeit, die zunächst belehrt, erzieht, verhütet, dann aber durch Strafe zu bessern, und von ferneren Vergehen abzuhalten sucht, begründet und erhalten wird. §§. 1 bis 6. a. a. O. Das Allgemeine Landrecht geht daher nicht bloß von der Abschreckungs-Theorie aus, sondern es hat auch die übrigen Zwecke der Strafe, Prävention, Besserung, Vergeltung u. s. w. ins Auge gefaßt, wie aus der näheren Anschauung des Details folgt. Die Requisite eines Verbrechens sind nun zunächst die Existenz eines Pönalgesetzes, denn nulla poena sine lege. §. 9. l. c.

Es ist dieser Grundsatz ein so nothwendiger, daß selbst eine extensive Anwendung einzelner Strafgesetze unrichtig erscheint. Denn soll eine Strafe gerecht sein, so muß sie eine gesetzliche sein, sie muß, da das Criminalrecht überhaupt ein positives, individuelles ist, und Völker und Menschen über die Strafbarkeit einer Handlung entgegengesetzte Ansichten haben, z. B. rücksichtlich des Duells, der fleischlichen Verbrechen, der Verbrechen gegen den Staat, insbesondere dessen Hoheitsrechte und Regalien, der Verbrechen gegen die Sittlichkeit und Religion, eine positiv ausgesprochene sein, es sei nun die Abschreckung oder Vergeltung oder ein anderes Prinzip Strafgrund. Nur durch das Festhalten an das Gegebene können die gefährlichen Irrwege in die Sphären der Religion und Moralität vermieden werden, und es wird nur dann möglich sein, die Grenzen der Competenz des äußern und des innern Richters zu wahren. Gesetzlich nicht verpönte Handlungen mögen daher die Thätigkeit der Kirche, Schule, Polizeibehörde aufrufen; eine Strafe im Sinne des Criminal-Gesetzes ist nicht anwendbar. Hiermit sind aber nicht diejenigen Handlungen zu verwechseln, welche gesetzlich verpönt sind, welchen aber in concreto einzelne gesetzliche Requisite zu mangeln scheinen, denn diese Frage betrifft die Beweisführung. Die zum Begriff des einzelnen Verbrechens als nothwendig aufgeführten Requisite müssen aber bei der That vorhanden sein, um sie unter die Kategorie des Gesetzes zu stellen, denn es giebt an sich keinen Mittelbegriff. Eine Handlung ist entweder Mord, Fälschung u. s. w. oder nicht. Verschieden hiervon ist der Begriff des Versuchs, und es wird weiter unten hiervon die Rede sein. Eine gesetzlich strafbare Handlung ist eine solche natürlich nur dann, wenn sie widerrechtlich ist, weil sonst der Begriff der Strafe und des Verbrechens in sich zerfiele. Die strafbare Handlung darf übrigens nicht bloß in committendo, in positiven Aeußerungen des Willens bestehen, sie kann sich auch negativ äußern, mag die negative Aeußerung auf einer innern Position des Willens beruhen oder nicht; sie wird dann entweder ein Verbrechen mit Absicht, aus Vorsatz, oder aus Fahrlässigkeit, ein Verbrechen der Schuld. Die Willensfreiheit des Handelnden ist natürlich kein Theil des objectiven Thatbestandes, sondern der Lehre vom Reat. §§. 7. 8. l. c.

Und eben so natürlich scheint auch die Thätigkeit des Willens als solche, d. h. die Absicht des Handelnden im Allgemeinen kein Requisit des objectiven Thatbestandes. Die Rezension der Bestimmungen über einzelne Verbrechen zeigt jedoch, daß der Gesetzgeber oft eine gewisse Absicht als Requisit aufstellt. Die Begriffe des Diebstahls, der Injurie, der Entführung, der Unterschied zwischen Mord und Todtschlag mögen zur Veranschaulichung beispielsweise dienen.

Nach §. 7. l. c. will es scheinen, als sei der Begriff des Strafgesetzes nur anwendbar, wenn ein Schaden zugefügt ist. Es ist aber die Strafbarkeit der Versuchshandlungen offenbar auszunehmen, so wie denn die abweichenden Vorschriften der eigentlichen Polizei-Straf- und Steuer-Contraventions-Gesetze hier nicht weiter besprochen werden dürfen. Aber auch bei den Staatsverbrechen, bei der Injurie, bei der Fälschung und andern Verbrechen ist der Schade kein Requisit der Pönalsanktion und es dürfte der §. 7. l. c. unbedenklich einer Modification bedürfen. Der Schade ist keineswegs ein nothwendiges Requisit drr Verbrechen; er kann es nur sein bei culposen Verbrechen, wo nicht die Absicht, sondern der Erfolg gestraft wird und da wo die Gesetze in speciellen Lehren dieses Requisit ausdrücklich supponiren. Ein Verbrechen ist begangen, wenn eine gesetzlich verpönte widerrechtliche Handlung in die Erscheinung getreten ist. Der oft ungewisse Erfolg erscheint nur als ein Maaßstab zur Bestimmung der Strafe. Dann freilich kann der Richter die Strafen nur unter Berücksichtigung aller Momente der individuellen That, d. h. also auch des Umfangs der nachtheiligen Folgen derselben, angemessen abwägen, weil er die Strafe nur nach Quantität und Qualität, in Zahl, Maaß und Umfang bestimmen kann, — indem menschliche Gesetze sich von dem Quantitätsbegriff nicht lossagen können, — weil der Richter die Absicht und den Willen selbst nicht genügend erfassen kann und an die äußere Manifestation gewiesen ist. Der Gesetzgeber wird daher allerdings von dem Schaden, der Wirkung der Handlung, nicht abstrahiren und so wenig die bloß innere, zur Existenz nicht gekommene Absicht, wie unsittlich und verwerflich sie auch sein mag, strafen, als die Strafbarkeit vorzugsweise von dem äußerlichen Moment der Folgen abhängig machen. Durch eine vorzugsweise Heraushebung dieser Seite ergeben sich nicht nur die Abnormitäten einzelner Strafen, z. B. bei der Brandstiftung, sondern es leidet auch in der Meinung des Volks die Idee des Rechts und der Sittlichkeit.

Die ganze Lehre erscheint dann exoterisch, die oft zufällige Folge als unverschuldet, und das Strafgesetz als eine blinde Schicksalsmacht, die nur zu sehr an das Talionsrecht und die rohe sinnliche Vergeltungs-Theorie mahnt. Der Schaden der Handlung ist daher kein Begriffsmoment, sondern ein Bestimmungs-Vehikel der in concreto anzuwendenden Strafen.

Die Betrachtung der Gesetze im Einzelnen rechtfertiget diese Deduction noch näher. Richtig mag daher die Erwähnung des Schadensumfangs sein im §. 25. l. c. unter dem Marginale, Moralität der Verbrechen, für welchen Ausdruck der „Zurechnung der Verbrechen zur Strafe" zu substituiren sein möchte. Im §. 7. l. c. ist das Verbrechen nicht treffend charakterisirt, und er kann zu dem Zweifel Anlaß geben, ob überhaupt unternommene Verbrechen criminell strafbar erscheinen, den das Gesetz zwar §. 38 sqq. zu widerlegen scheint, ohne daß jedoch klar genug der Strafgrund hervortritt, ob nämlich das Einschreiten des Richters nur vorgreifend, polizeilich begründet ist, oder ob wirklich ein Verbrechen criminalrechtlich beahndet wird, und doch ist letzteres die Ansicht des Gesetzgebers, confer. §§. 92. 162. 163. 168. 176. 178. 227. 244. 259. 278. 368. 369. 425. 538. 668. 669. 674. 675. 838 a. 866. 985. 1054. 1497. 1498. 1575. und gewissermaßen 1517. l. c., da selbst lebenswieriger Freiheitsverlust eintreten kann, wenn auch die Handlung den beabsichtigten Erfolg nicht gehabt. Daran knüpften sich die Bestimmungen der Gesetze über die unternommenen Verbrechen. Der §. 39. l. c. zeigt nun deutlich: daß das Gesetz den Erfolg der Handlung, d. h. die Erreichung der Absicht als Requisit des delicti consummati aufstellt, nämlich wie schon erwähnt, bei vorsätzlichen Verbrechen; es hat aber diesen Grundsatz in den speciellen Lehren fast überall verlassen, da es specielle Strafen den Versuchshandlungen dort aufstellt, und es ist daher nicht abzusehen, warum der aufgestellte Unterschied zwischen delictum consummatum, perfectum, inchoatum und attentatum, oder vom conatus proximus und remotus so wesentliche und in der Praxis so wenig geltende Folgen haben soll, als die §§. 39 bis 43. l. c. aufstellen. Abgesehen davon, daß der Calcül der §. 40 und 41. nicht ohne Schwierigkeiten in der Ausführung ist, so ist der Verbrecher, der eine Handlung consummirt oder nur perficirt, auf gleicher Stufe der Strafbarkeit, nur muß das Strafmaaß in letzterem Fall gemindert werden, weil kein Schaden entstanden; begangen haben beide eine verbotene Handlung, nur der Zufall hat die eine wirkungslos werden lassen. Der Zufall kann aber kein so wichtiges Moment der Beurtheilung abgeben, daß jener Verbrecher ordinarie, dieser nur mit einer extraordinairen Strafe beahndet wird, mindestens ist der Ausdruck, wenn nur eine Milderung beabsichtiget wurde, der größten Mißdeutungen fähig, wie auch die Praxis hinreichend ergeben. Noch unfruchtbarer ist §. 41. des Strafrechts; denn welches ist die letzte erforderliche Handlung und wie füllt sich die Lücke der §. 41. 42. des Strafrechts, da letzterer nur von den vorläufigen Anstalten spricht? Will man nun nicht diese Bestimmungen der Theorie und der Schule überlassen, wie sie denn offenbar auf den theoretischen Ansichten Kleins beruhen, warum sollte es nicht genügen, auszusprechen, daß jede strafbare Handlung nach dem Verhältniß des Fortschrittes zur Vollziehung und Erreichung der Absicht innerhalb des von dem Gesetze aufgestellten minimi und maximi und zwar in der Art gestraft werde, daß dem richterlichen Ermessen überlassen bleibt, nach dem individuellen Fall bis zur Hälfte des minimi, oder bis zu einer andern positiven Grenze herunterzugehen? jedenfalls generalisiren die §§. 39. sq. zu sehr, und es entstehen später Conflikte mit den speciellen Lehren. —

Weiter einzugehen entspricht unserm Zweck nicht. Es genügt die Feststellung, daß der Erfolg zum Thatbestand des Verbrechens begriffsmäßig nicht gehört, sondern in die Lehre der Zumessung der That zur Strafe. Was die Drohungen betrifft, so sind diese zwar gesetzlich verpönt und begründen Sicherheitsmaaßregeln. Es leuchtet aber ein, daß die Erklärung, etwas thun zu wollen, keine That ist, die dem Begriff des Verbrechens entspricht.

Diese Bestimmung (§. 44.) und ihre speciellen Anwendungen, z. B. §. 1535. 1536. l. c., und die K. Kabinetsordre vom 6. Mai 1835 gehören nicht in das reine Criminalrecht. Die geordneten Strafen sind nur Präventionsmaaßregeln, sie sind gegen die wahrscheinliche Gefährlichkeit des Subjects gerichtet, sind mit einem Worte Polizeistrafen. Zu dem objectiven Thatbestand im Allgemeinen gehört ferner nicht der Begriff der Urheberschaft und der verschiedenen Theilnahme der Handelnden, vielmehr in die Lehre vom subjectiven Thatbestand und dem Reat. Bei einzelnen Verbrechen wird ihrer Natur nach eine gewisse Individualität der Handelnden zugleich objectiv erscheinen, und alsdann allerdings zum objectiven Thatbestand gehören, z. B. dem Verbrechen der Staatsdiener, dem fleischlichen Verbrechen, im Duell u. s. w.; denn es ist natürlich, daß ein bestimmtes Verbrechen auch bestimmte und individuelle Momente des Thatbestandes enthält, die jedoch nicht als allgemeine Basis aller Verbrechen erscheinen. Nach dieser Betrachtung erhellt also, daß sich der Thatbestand im Allgemeinen auch nach preußischen Gesetzen, insofern man von dem Requisite des Erfolgs, welches sich aber eigentlich nur auf die Zumessung der Strafe beziehen soll, absieht, nicht von der allgemeinen deutschen Criminalrechts-Theorie unterscheidet, vielmehr auch hier die Stübelsche Lehre ihre vollkommene Anwendung findet, daß sonach alle Bestimmungen des allgemeinen Landrechts in das Gesetzbuch streng genommen, als feststehende Principien gar nicht gehören, eben so wenig, wie dieses bestimmt, was Verbrechen, was Strafe ist, da es einer positiven Bestimmung hier gar nicht bedarf.

Die Vorschriften §. 1 bis 90. Tit. 20. Th. II. des allgemeinen Landrechts bieten hiernach für die allgemeinen Grundsätze der Lehre vom objectiven Thatbestand so gut wie nichts, namentlich vermißt man scharfe Bestimmungen darüber, was zum objectiven Thatbestand der peinlichen Verbrechen und Vergehen gehört. Nach dem heutigen Standpunkte der Rechtswissenschaft und Legislation wird es nämlich offenbar ein dringendes Bedürfniß, abgesehen von der Trennung der Polizei-Contraventionen, die Vergehen von den Verbrechen zu sondern, und wenn jene auch nicht nothwendig von getrennten Gerichtsbehörden untersucht und beurtheilt werden, doch die Vergehen mit andern Strafarten als die Verbrechen zu belegen. Ohne überhaupt der französischen Gesetzgebung zu huldigen, erscheint eine solche Trennung um so unerläßlicher, als nur auf diesem Wege Entsittlichung erzielt, die immer steigende Verderbniß der Strafgefangenen vermieden und das Princip der Volks- und Bürgerehre zur Geltung gebracht werden kann. Scharf lassen sich allerdings die Grenzen nicht immer ziehen und es möchten mehrere Eintheilungsgründe vorhanden sein.

Nothwendiger Grundsatz scheint es hiebei zu sein, allgemeine Normen aufzustellen, insbesondere die, daß alle Handlungen, welche die Sittlichkeit und Ehre beleidigen, zu Verbrechen gerechnet werden, so wie dieß der Volksmeinung und auch der Natur der Sache entspricht. Hiernach dürften folgende Handlungen unbedenklich Verbrechen sein:

1) Hochverrath,
2) Landesverrätherei,
3) Erbrechung der Gefängnisse,
4) Aufruhr,
5) Majestätsbeleidigung,

6) alle unerlaubte Handlungen der Beamten, welche aus Vorsatz, namentlich aus Eigennutz hervorgegangen sind, und zugleich ein gemeines Verbrechen involviren.
7) Schwere Realinjurien,
8) das Duell, insoweit schwere Körperbeschädigungen und der Tod erfolgt.
9) Schwere vorsätzliche Körperverletzung,
10) vorsätzliche Tödtung, Mord,
11) Abtreibung der Leibesfrucht,
12) vorsätzliche Verführung,
13) Blutschande,
14) Nothzucht,
15) betrügerische Doppelehe,
16) Beleidigungen gegen die Freiheit durch Privatgefängnisse,
17) Menschenraub,
18) Entführung,
19) Diebstahl,
20) gewaltsame Besitznahme fremden Eigenthums aus Gewinnsucht, Raub, Concussion,
21) Betrug, gemeiner und qualificirter, namentlich: Meineid, wissentliche falsche Anklage, Betrug des Publici, vorsätzlicher betrügerischer Bankerott,
22) boshafte, d. h. vorsätzliche Beschädigung des Vermögens, Landesbeschädigung, vorsätzliche Brandstiftung und Ueberschwemmung.

Der eigentliche Dolus und der ehrlose Charakter des Verbrechens giebt hierin einen sichern Maaßstab. Das Gesetzbuch dürfte daher allgemein aussprechen, welches die einzelnen Verbrechen, welches die Vergehen sind, oder jene von diesen durch die Charakteristika, nämlich: Vorsatz, Dolus auf der einen, Culpa, Fahrlässigkeit auf der andern Seite unterscheiden und hierbei Maxima und Minima der Strafen aufstellen, also, daß z. B. kein Vergehen härter als mit zweijähriger Freiheitsberaubung, nie aber mit entehrenden Strafen zu belegen wäre. Diese Strafarten würden dann gesetzlich festzustellen sein, und es würden offenbar hierher gehören: Zuchthausstrafe, Festungsarbeitsstrafen, Pranger, Ausstellung, Verlust der Zeugschaft und der bürgerlichen Vorrechte, insbesondere der Orden und Ehrenzeichen und der Nationalkokarde, öffentliche Bekanntmachung, Landesverweisung, körperliche Züchtigung. Diese dürfte dagegen, so sehr man sich auch sträubt, als Disciplinarmittel stehen bleiben dürfen, so wie sie bei den Unmündigen und bei polizeilich zu ahnenden Handlungen als Besserungsmittel anwendbar erscheint.

Ueber die Natur der Strafarten und über die Nothwendigkeit oder Nützlichkeit einzelner Strafen soll bei einer besondern Gelegenheit künftig gehandelt werden. Hier kommt es nur darauf an, den Grundsatz festzustellen, daß der gesammte Strafkodex, der von straffälligen Handlungen handelt, aus drei Abtheilungen zu bestehen hat, ohne daß die trichotomische Eintheilung den Philosophen streitig gemacht werden soll, nämlich dem Polizei-Codex, dem Codex über Vergehen und Contraventionen, wohin unsere fiskalischen Vergehen mitgehören, und dem eigentlichen Criminal-Codex.

Der gesammte Codex würde mit einem nicht zu entbehrenden allgemeinen Theil versehen werden, welcher die Unterschiede der unerlaubten Handlungen, der Natur derselben und ihrer Folgen aufstellt, die allgemeinen Grundsätze von Thatbestand, Thäterschaft, Zurechnungsfähigkeit, Vorsatz, Fahrlässigkeit, Conat, Theilnahme an den Verbrechen, Schärfungs-, Milderungsgründen, Collision mehrerer Verbrechen, Verjährung, Abolition und Begnadigung, die Grundsätze zur Bestimmung unbestimmter und relativer Strafen und das Verhältniß derselben und die Interpretation der Strafgesetze abhandelt.

Eine durchgängige Umarbeitung des Criminalrechts wird hiernach gar nicht zu umgehen sein, da der Tit. 20. Th. II. des allgemeinen Landrechts so wenig dem Begriff als, wie natürlich daraus folgt, dem praktischen Bedürfniß entspricht.

Nach dieser kurzen Abschweifung müssen wir zum Begriff des objectiven Thatbestandes zurückkommen und das Axiom aufstellen, daß es nothwendig erscheint, bestimmt auszusprechen, daß es rücksichtlich der imputatio facti durchaus unerheblich ist, ob in der Handlung die unmittelbare oder mittelbare Ursache des Erfolgs liegt, ob diese Handlung die alleinige, nothwendige, hinreichende Ursache ist, oder nur die mitwirkende, fördernde, genug daß Zurechnung zur That (nicht zur Strafe) durch eine Handlung begründet wird, welche gesetzwidrig ist und in der ein Grund der eingetretenen Folge liegt, daß dagegen die Zurechnung zur That nicht Statt hat, wenn die Folge zufällig eingetreten ist, d. h. ihren Grund nicht in der Handlung hat, sondern in einem besondern Ereigniß außerhalb der That liegt.

Dieser jetzt allgemein gültige Grundsatz muß, nachdem der treffliche Stübel ihn bis zur unzweifelhaften Evidenz erwiesen, um so sorgfältiger festgehalten werden, als die Praxis häufig sich durch falsche Milde und eine schlaffe Moralität dazu neigt, theils die Zurechnungsfähigkeit, theils das Band zwischen That und Folge wegzuläugnen und eine Rechtsunsicherheit, eine Rechtslosigkeit herbeizuführen, welche das Gebäude des Staats in den Grundfesten erschüttert und dem sittlichen Verderbniß offenen Eingang gewährt; wie dieß insonderheit bei schweren mit der Todesstrafe bedrohten Verbrechen, fast in allen Gerichtshöfen zu bemerken ist, in welchen oft die harten Strafgesetze den entgegengesetzten Erfolg haben, und wovon die englische und die französische Jurisprudenz warnende Beispiele bieten. Nur hinsichtlich der Zurechnung zur Strafe wird es ein Absehen verdienen, ob der Wille des Handelnden ein überlegter und vorsätzlicher gewesen, ob der Vorsatz direct oder indirect den Erfolg bezielt, ob die Folge vorausgesehen werden konnte oder nicht, ob also die Strafe des doli oder der culpa eintreten könne.

Bei der speciell zu behandelnden Lehre von der Tödtung werden diese Grundsätze um so klarer gemacht werden müssen, als hier gerade die entgegengesetzten Ansichten am meisten hervortreten, und man theils der auf religiösen und politischen Ansichten beruhenden Härte von Jarke, Heinroth u. s. w., theils der Schlaffheit Anderer entgegentreten muß.

§. 2. Vom subjectiven Thatbestand im Allgemeinen.

Die Lehre vom subjectiven Thatbestand umfaßt hauptsächlich zwei wichtige Fragen:

1) die über die Willensbestimmung des Handelnden, die innere That;
2) die Lehre von der Complicität der Verbrechen.

Wer bestraft werden soll, muß zurechnungsfähig sein, d. h. er muß entweder die Folge der Handlung vorausgesehen haben oder hätte sie doch voraussehen sollen, und er ist auch im Stande gewesen, sie vorhersehen zu können. Das Gesetz bestraft nicht bloß die absichtliche Uebertretung seiner Vorschriften, sondern auch die fahrlässige Nichtachtung derselben.

Absicht ist diejenige Bestimmung des Willens, wonach derselbe der Handlung und deren Folgen sich bewußt, dennoch zu dieser sich entschließt, eben weil er die Handlung und deren Folgen kennt, und eben diese Folgen eintreten lassen will. Der Geist sieht das Ziel sehr wohl ab, wonach er sein Streben richtet. Absicht ist daher allemal mit Bewußtsein und Einsicht in die Sache verbunden. Die Absicht kann nun aber entweder unmittelbar oder mittelbar auf den Zweck gerichtet sein. Sie kann einen oder mehrere Zwecke verfolgen, sie bleibt nichts destoweniger Absicht, und der Handelnde wird für die Folgen verantwortlich, denn er hat immer die Folgen, die eingetreten sind, vorausgesehen und gewollt, und eben der gesetzwidrige schädliche Wille wird gestraft. Der Grund der Strafbarkeit der Absicht, des Vorsatzes, liegt also im Willen. Eben dieser menschliche Wille, der durch Leidenschaften, Triebe, Laster und Sünde getrübt und von der Vernunft und dem Guten abgelenkt ist, eben dieser soll durch die Strafe geläutert, in den richtigen Weg gebracht und unschädlich gemacht werden. Der Handelnde hat das Verbrechen und die Folgen desselben, nämlich die Strafe, vorausgesehen und es ist also ganz in der Natur der Sache begründet, daß er die Strafe leide, welche er gewollt. Ganz anders steht es mit den Verbrechen aus Fahrlässigkeit, den Vergehen. Hier hat nicht der krankhafte Wille die Folgen der That vorausgesehen, und sich dennoch zur That entschlossen, er war nicht darauf gerichtet, als Feind der sittlichen Ordnung und des Gesetzes aufzutreten, nein! hier hat der Wille nur negativ das Böse herbeigeführt, er hat aus Trägheit oder Unbesonnenheit es unterlassen, sich die Folgen seiner That vorzustellen und zu prüfen; er hat omittendo durch eine Nichtachtung gesetzlicher und nothwendiger Anordnungen, um die er mehr oder weniger sich zu kümmern verpflichtet war, die nachtheiligen und schädlichen Folgen durch eine gesetzlich verpönte Handlung herbeigeführt, er hat es versäumt, jene Bestimmungen zu seinem Bewußtsein zu bringen und fehlt eben hierdurch. Zweifelhaft könnte es nur erscheinen, ob der Staat bloß den positiv bösen Willen zu bestrafen habe, oder auch den negativen. Daß derjenige, welcher culpose eine Beschädigung herbeigeführt, den Schaden ersetzen, das Uebel hinsichtlich der Civil-Folgen beseitigen müsse, dieß versteht sich von selbst; ob aber die culpa auch zu bestrafen, diese Frage möchte, je nachdem der Standpunkt der Beurtheilung gewählt wird, verschieden beantwortet werden. Einerseits kann man annehmen, nicht die Handlung und deren Folgen an sich sind strafbar, sondern sie sind es nur als Erzeugniß eines dem Gesetz entgegenstehenden Willens; wo also der Wille nicht hat das Gesetz verletzen wollen, daß da kein Verbrechen, keine Strafe eintrete, denn nur der strafbare Wille, die Subjectivität, welche aus der Sphäre gesetzlicher Ordnung heraustritt, provocirt das strafende Gesetz, welches aus dem Grunde innerer Nothwendigkeit die Macht der sittlichen Idee an ihm selbst bewährt, um den Willen wieder in Einklang zu bringen mit dem absoluten Willen oder dem Willen, welcher sich in einem bestimmten Rechtsorganismus darstellt. Gegen das Fehlen aus Unvorsichtigkeit, Leichtsinn, Fahrlässigkeit bedürfe das Gesetz aber eines so strengen Mittels nicht; es genüge die Anwendung von Besserungsmitteln geringerer Art, Warnung, Rath und der Züchtigungen der disciplinarischen Polizeigewalt. Andererseits, faßt man die That und deren Folgen objectiv auf, betrachtet den Schaden, die Gefährlichkeit der Handlung, so wird man geneigt, die Handlung, als solche, gleichviel, wie sie motivirt war, zu ahnden, indem, rücksichtlich des Beschädigten, es ziemlich gleichgültig bleibt, ob die That diesen oder jenen Grund gehabt. Es kann nicht zweifelhaft sein, die letzte objective Ansicht zu verwerfen, sie geht hervor aus der materialistischen grobsinnlichen Auffassung und führt zur Barbarei des rohen Retorsionsrechts. Aber auch die erstere Ansicht ist nicht zu billigen, sie übersieht nicht nur die praktische Unausführbarkeit, indem bei der Schwierigkeit der Entscheidung in concreto, ob eine Handlung Werk des positiven Willens gewesen oder nicht, ja bei der Leichtigkeit, unter dem Deckmantel der Fahrlässigkeit vorsätzliche Handlungen zu verbergen, in vielen Fällen eine nur zu gefährliche Straflosigkeit eintreten würde; sie übersieht, daß wenn der Erfolg an sich und unter den Umständen unmöglich würde, die unerlaubte und schädliche Handlung ungeahndet bliebe, und also namentlich bei dem schwersten Verbrechen, der Tödtung, eine Unsicherheit des Lebens eintreten würde, die der Staat nicht dulden kann.

Er ist verpflichtet seinen Gliedern Schutz und Sicherheit zu gewähren, und er kann dieß nur durch vorbeugende Mittel und Anordnungen oder durch Beahndung des Widerstrebenden bewirken. Die den Staatsgliedern drohende Gefahr muß beseitigt, und dieß kann nur, so weit von menschlichen Handlungen die Rede ist, durch Beseitigung des bösen Princips bewirkt werden. Liegt dieses in der sittlichen Fahrlässigkeit und Trägheit, so muß diese durch Mittel, welche die innere Thätigkeit anregen, beseitigt werden; der Staat wird dieß also allerdings durch Belohnung, Belehrung, Ermahnung, Warnung, Züchtigung, aber auch endlich durch Strafen bewirken müssen, er wird die letztere nur in den seltenern und schwerern Fällen, in welchen die Verbindlichkeit des Staatsbürgers, sich um die Folgen seiner Handlungen zu bekümmern, eine größere ist, anwenden. Allein sie wird, um der Sinnlichkeit, dem Begehrungstrieb, entgegen zu wirken, nothwendig sein; nur darf sie nicht den Charakter der Strafe eines verbrecherischen Willens tragen, sie würde dann aufhören ein Corrections- und Besserungsmittel zu sein, sie würde nicht als nothwendig und in sich gerechtfertigt, sondern als eine Handlung der Willkühr und Macht erscheinen, sie würde den strafbaren Willen selbst provociren, denn sie würde das Hauptprincip aller Strafgesetze verletzen, daß hauptsächlich der Wille und nicht die äußere Gestaltung des objectiven Willens zum Maaßstab der Beurtheilung dienen kann. Also keine Kriminalstrafen im engern Sinn, keine die Ehre verletzende Strafarten, wo möglich eine andere leichtere Procedur und ein freierer Spielraum für den erkennenden Richter. Grade der Culpa, wie sie wohl im Civil-Verfahren aufgestellt werden, können in der Criminal-Theorie nicht aufgestellt werden. Die Grade derselben sind so unendlich, so verschieden als die Individualitäten der Menschen, die Partikularitäten der Verhältnisse. Alle einzelne Momente der That muß der Richter erfassen und sich zur Anschauung bringen, so wie sie in der concreten Handlung sich gestalten. Es kömmt nur darauf an, zu prüfen, ob unter den vorhandenen Verhältnissen das handelnde Subjekt in seiner Individualität die Folgen der That und das Verbotwidrige derselben habe beurtheilen können. Ist dieß der Fall, so ist er strafbar, die Strafe selbst aber wird sich nach den äußern Folgen, nach der Gefährlichkeit der Handlung, der

Modification des Willens u. s. w. richten, und die Erfahrung, die vernünftige Einsicht ins Leben und dessen Verhältnisse das Arbitrium des Richters leiten müssen. Freie Handlungen sind, wie wir annehmen müssen, nur strafbar, wenn sie gesetzwidrig sind, sie mögen nun aus positivem Willen, Absicht, Vorsatz, sie mögen aus negativem Willen hervorgegangen sein; wir haben uns auch bereits oben gegen die extensive Interpretation der Strafgesetze erklärt. Hiermit scheinen die §. §. 10. 11. §. 509 sq. l. c. nicht im Einklang zu stehen. Im Allgemeinen erkennt das allgemeine Landrecht folgende Principien an:

1) die Bürger des Staats sind sich um seine Gesetze zu bekümmern schuldig;
2) handelt Jemand positiv böse, d. h. will er widerrechtlich Schaden zufügen, so kömmt es nicht darauf an, ob er das Verbotsgesetz gekannt;
3) handelt Jemand negativ böse, so muß er im Stande gewesen sein, das Gesetz zu kennen.

Das allgemeine Landrecht erkennt es also, wie auch vernunftgemäß ist, an, daß die dolosen Thaten den Grund ihrer Strafbarkeit nicht im positiven Gesetz, sondern in sich selbst finden, daß vielmehr das Gesetz eine nothwendige Manifestation der Rechts-Idee ist; damit ist aber nicht gesagt, wenigstens durfte nicht damit gesagt werden, daß der Richter befugt sein solle, Strafgesetze aufzustellen und sich zum Gesetzgeber zu machen, das Gesetz wollte nur dem Verbrecher den Einwand der Ignorantia juris abschneiden, und darin hat es vollkommen Recht; denn die eigentlichen Verbrechen sind durch das Sittengesetz, die Vernunft, Moral, Religion bereits verpönt; der Verbrecher weiß es, daß sie unrecht, verboten sind, wenn er auch den Strafparagraphen nicht kennt, und es wäre nur ein Hohn gegen alle Gerechtigkeit, wenn ihm der Einwand der Rechtsunwissenheit da gestattet werden sollte, wo eine Unwissenheit nicht möglich ist. Nicht das Maaß der Strafe, welches das Gesetz bebestimmt, soll den Menschen von dem Verbrechen abhalten,

sondern

sondern das Bewußtsein, daß er gegen göttliche und menschliche Ordnung verstoße. Anders steht es mit den Vergehen und Uebertretungen von Gesetzvorschriften, die nicht in der Moral und Religion und dem Bewußtsein eines jeden Individuums ihre Rechtfertigung finden, sondern die menschlichen Ansichten und Satzungen ihren Ursprung verdanken; hier fehlt der Handelnde entweder, weil er das Strafbare an sich, oder die nachtheiligen Folgen der Handlung nicht einsieht, es muß ihm also, soll er zur Rechenschaft gezogen werden, die Möglichkeit entgegenstehen, jene Einsicht zu gewinnen, und er die Pflicht haben, die Gesetze zu kennen. Daß das Gesetz die Verpflichtung aller Bürger, die Gesetze zu kennen, ganz allgemein ohne Ausnahme aufstellt, [§. 12. l. c. Einleitung §. 12. 13.] liegt in der Natur des Staats, weil sonst das Bestehen desselben ein Unding sein würde. Natürlich muß der Staat für eine so allgemeine Publikation sorgen, daß die Gesetze nicht ohne Fahrlässigkeit unbekannt sein können; dennoch entsteht diese theils aus der Unmöglichkeit, daß jedes Gesetz jedem Staatsbürger publizirt wird, theils muß bei der Unfähigkeit zu lesen, bei der Unfähigkeit das Gehörte zu verstehen, in den Verhältnissen des Kindes- und Greisenalters, des Weibes, der verschiedenen Art der Bildung, und der Art des Berufs, oft die Verletzung eines nur positiven Gesetzes eine völlig unverschuldete sein. Es muß daher bei dem Vergehen dem Angeschuldigten offenbar der Einwand zustehen, daß er das Strafgesetz nicht gekannt; denn da bei diesen Handlungen die Strafbarkeit nicht sowohl in der That allein, als im positiven Gesetz liegt, da hier dem Handelnden nicht die Einsicht in die Folgen, wie bei den bereits durch Religion und Vernunft verbotenen Handlungen, auch ohne Gesetz möglich ist, so muß die Frage entscheidend sein: konnte der Handelnde die Handlungen und deren Folgen als strafwürdig ansehen, und kann es ihm zur Strafe angerechnet werden, daß er das Verbots-Gesetz nicht kannte? Der Richter wird dies in concreto erwägen, und es wird daher der Einwand der Ignorantia juris bei allen rein positiven Verbotsgesetzen Platz greifen müssen.

Nichts anders als dies hat der Gesetzgeber sagen wollen, mag auch die Fassung der §§. 10. 11. 510. 513. des Strafrechts nicht sorgfältig genug gewählt sein. Keinesweges kann man aus dem §. 512. den Schluß ziehen, daß der Richter befugt wäre, ein Verbrechen zu ahnden, welches das Gesetz nicht mit Strafen belegt hat. So angesehen wird gegen die allgemeinen Begriffe von Vorsatz und Fahrlässigkeit §. 26. seq. nichts zu erinnern sein, nur ist die Lehre vom Vorsatz selbst nicht aus dem Landrecht oder einem Gesetzbuch überhaupt zu entnehmen, und der Richter wird auch in concreto nur in den seltensten Fällen den dolus oder die culpa scharf ausgeprägt finden, vielmehr ist der menschliche Wille der wunderbarste Proteus, der sich tausendfach nüancirt, verwandelt, andere Formen, Gestalten und Zeichen annimmt, und wie überall die physische Natur nur in Uebergängen die Gegensätze vermittelt, so noch vielmehr die geistige.

Hier gerade ist das reiche Feld für den Psychologen, Philosophen, Richter und Gesetzgeber. Scharfe Kategorien sind gar nicht aufzustellen, denn das menschliche Bewußtsein ist ein klares und getrübtes, der Wille ein fester und beharrlicher oder nicht, und hier influiren alle Grade der Bildung, alle verschiedenen Fähigkeiten und Anlagen, in und außer dem Organismus des Handelnden liegende Umstände und die verschiedensten Momente. Der menschliche Richter wird, wie natürlich, nicht im Stande sein, die Wahrheit vollkommen zu ermitteln, den Willen klar zu erkennen, den oft der Handelnde nicht kennt, die Strafe der That angemessen und richtig zu bestimmen, wozu ihm auch der Gesetzgeber und die menschliche Natur nicht einmal die Mittel bieten. Er wird nur approximando verfahren können, er wird nach Wahrscheinlichkeiten urtheilen und unbestimmt und unsicher entscheiden. Aber diese Gebrechen der irdischen Rechtspflege können nicht die Meinung rechtfertigen, als stehe dem Staate keine Strafgewalt zu, als solle es überhaupt weder Strafgesetz noch Strafe geben, sie zeigen nur die Nothwendigkeit, daß in concreto, so weit menschliche Einsicht reicht, möglichst die innere That erfaßt werde, und da diese in der Regel ein Erzeugniß des ganzen Lebens ist, auch das Leben selbst in seiner Totalität ergriffen werde, damit nicht ein isolirter Punkt zur alleinigen Beurtheilung diene. Ob nun aber der Gesetzgeber auf die verschiedenen Nüancirungen des Vorsatzes zu achten habe, ob diese sich in allgemeinen generischen Formen aufstellen lassen? Wer die Streitlehren über den dolus indirectus eventualis, die culpa dolo determinata kennt, der wird die Schwierigkeit der Beantwortung dieser Fragen nicht verkennen. Dem Gesetzgeber ist es schwer geworden, diese Begriffe ganz, wenigstens in der Anwendung von sich abzuweisen, wie dies auch das Preuß. Criminal-Recht in der Lehre von Mord und Todschlag deutlich beweiset. Die verschiedenen Ansichten und die Wirren in dieser Lehre von der innern That, dürften darin zugleich ihre Entschuldigung finden. Ein Versuch, die Sache ins klare Licht zu stellen, dürfte folgender sein.

Absicht oder Vorsatz setzt die Einsicht in die Folge der Handlung voraus, der Handelnde muß also im Moment der That des Zwecks sich bewußt gewesen sein, denselben als strafwürdig erkannt haben. Bewußtsein also und darauf gegründetes Wollen sind die Momente der verbrecherischen Absicht; handelte nun der Wollende, und erreichte eben den gewollten Zweck, so ist das Verbrechen ein absichtlich, vorsätzlich verübtes und vollzogenes, erreicht er den Zweck nicht, so blieb die That ein Versuch, der sich mehr oder weniger der Ausführung näherte. Wie aber, wenn nicht der beabsichtigte Erfolg eintrat, sondern ein anderer? Nach unserer Meinung ist nun zu unterscheiden, ob dieser Erfolg ein zufälliger war, oder in Causal-Verbindung steht. Im erstern Falle ist nicht dieser Erfolg strafbar, sondern es wird nur die allemal individuell zu ermessende Strafe des Versuchs eintreten, oder der Erfolg steht in Causal-Verbindung mit dem Willen. Dies kann in zwiefacher Weise geschehen; entweder ist auch dieser Erfolg beabsichtigt, als concurrirend mit dem Hauptzweck, welcher Fall aber ohne Zweifel sehr selten eintreten wird, dann wird die Strafe nach dem Erfolge abzumessen sein, und in sofern der nicht erreichte Hauptzweck eine schwerere Verschuldung herbeiführen würde, eine Verschärfung eintreten müssen, oder der Erfolg war nicht beabsichtigt. Dann wird offenbar ein Konat eines Verbrechens, und eine culpose, consummirte Handlung concurriren, und es wird nach den Grundsätzen von Concurrenz, welche leider im Allgemeinen Landrecht sehr ungenügend sind, die Strafe ermessen, und also die Strafe des schweren Verbrechens geschärft werden müssen. Eine eigene Betrachtung verdient die Willensrichtung, nach welcher der Handelnde zwar irgend einen bösen Erfolg will, es aber dem Zufall überläßt, welcher eintritt; er willigt hier allerdings in einen von den verschiedenen Erfolgen, ohne Einen bestimmt herauszuheben, ohne sich also klar des Causalnexus der Handlung und deren Folgen bewußt zu sein; der Wille ist nicht entschieden und scharf bestimmt, er hat eben so wenig den schwerern vorzugsweise vor dem leichtern Erfolg beabsichtigt, sondern er läßt es sich gefallen, welcher eintritt, in einzelnen Fällen wünscht oder erwartet er vielleicht, daß der leichtere Erfolg eintrete, es tritt aber der schwerere ein. Eine Gemüthsstimmung, wie sie Müllner in der Schuld sehr gut schildert.

Man wird leicht einsehen, daß diese Willensbestimmung eine minder strafbare, als die des vorüberlegten bestimmten Wollens, das den schwerern Erfolg bezweckt, ist. Der Verbrecher wird hier weder die Mittel so absichtlich und vorsätzlich wählen, als der klar wollende Verstand des Menschen, noch will er das Verbrechen fest und unwiderruflich; sein Wille ist es allerdings, böse und feindlich zu handeln, allein die Schuldbarkeit mildert sich durch den Mangel der Festigkeit und Bestimmtheit des Entschlusses und der Einsicht; es streift die Handlung nahe an das Vergehen der Schuld, bei der der Handelnde mehr ein Spiel einer augenblicklichen Regung, der schnellen Aufwallung des Gefühls, des verderblichen Triebes und des Affekts ist, und der Verbrecher sündigt und strafbar wird, weil er seinen Affekt nicht beherrscht, sondern seinem Willen den Zügel schießen läßt; er ist ein Verbrecher, weil er seine Vernunft nicht gebraucht, sein Wille ist nicht der absolut und positiv böse, der das Böse bestimmt will, dasselbe ruhig und fest beschließt und ausführt, sondern er ist der negativ böse, dessen Immoralität und Verschuldung mehr in der Fahrlässigkeit liegt, und es muß daher ein solcher Verbrecher minder schuldbar sein. Das ist auch der Grund, weshalb die Gesetze Handlungen, welche im Affekt begangen sind, milder richten; daß sie aber nur bei einer einzelnen Art des Verbrechens, der Tödtung, diese Nüance des Willens berücksichtigen, beruht offenbar auf einer Einseitigkeit. Bei gewissen Arten von Verbrechen, welche den Stempel des klaren Bewußtseins und der Absicht tragen, z. B. den aus Eigennutz begangenen, dürfte allerdings jene Willensbestimmung selten sein, bei den meisten Verbrechen ist sie aber wohl denkbar. Man wird übrigens hierbei noch unterscheiden müssen, ob der Handelnde überhaupt gar kein bestimmtes oder deutliches Bild der Handlung hatte, ob er überhaupt seinem Drange ganz allgemein nur genügen wollte, ohne an den Erfolg überhaupt zu denken — der Zustand des reinen Affekts — oder ob er zwar verschiedene Folgen als möglich dachte, dieselben aber aufs Gerathewohl und in das Ungefähr hin, als eintretend oder als nicht eintretend vorhersah und wollte. Daß dieser Letztere strafbarer erscheint als jener, möchte leicht anerkannt werden, wenn man erwägt, daß in jenem Fall die That im Ganzen als ein Produkt roher Sinnlichkeit und eines thierischen Triebes erscheint, während hier der Verstand dennoch thätig war, wenn auch seine Rolle nur untergeordnet ist. Einen bestimmteren, klareren, also auch positiv bösseren Willen hatte dieser offenbar wie jener, der im blinden Trieb handelte, weil sein Handeln mehr passiv erscheint. Der letzte Fall möchte im Duell, das übrigens noch eine andere mildere Seite hat, zur Sprache kommen. Gegen die von Jarke (Str. Recht. B. 1. S. 193. seq.) aufgestellten vier Kategorien läßt sich nicht nur ebenfalls der Einwand machen, er habe keineswegs dargethan, daß jene vier Mittelstufen zwischen Vorsatz und Schuld die alleinigen sind, wie dies natürlich auch nicht der Fall ist — denn die bloße Behauptung, sie seien in der Natur der Sache begründet, kann als Beweis nicht gelten — sondern es erscheint auch nicht gerechtfertigt, warum er jene Gradation des Willens bloß bei dem Verbrechen der Tödtung aufstellen will. Endlich paßt der von ihm aufgestellte erste Fall des Zornigen nicht nur auf andere Affekte ebenso, sondern es hat auch Jarke sein Verhältniß zu den übrigen Kategorien nicht aufgestellt. Der zweite und vierte Fall sind aber keine Mittelstufen des Willens selbst zwischen Vorsatz und Fahrlässigkeit. Es tritt hier nämlich im zweiten nur Concurrenz von Fahrlässigkeit und Vorsatz ein, wie schon oben bemerkt worden. Es ist ganz eigentlich der Fall der sogenannten culpa dolo determinata. Der vierte Fall enthält den Fall der Nichtverschuldung des Erfolgs bei minder strafbarem Vorsatz; der Erfolg ist hier ein zufälliger und kann also als solcher nicht in Betracht gezogen werden, dagegen ist der mindere beabsichtigte Erfolg nicht nur erreicht, sondern sogar überstiegen, und es wird nur dieser geahndet werden können. Setzen wir den Fall: Jemand begehe eine feindliche Handlung, welche ihrer Natur nach nicht den schwerern wirklich eingetretenen Erfolg in sich schließt, so kann ihm dieser zufällig eingetretene Erfolg kriminalrechtlich nicht zugerechnet werden, wenn die Gesetzgebung nicht den Erfolg, was doch gewiß weder dem Rechts- noch dem Vernunftsbegriffe gemäß ist, zum Richter der That machen will. Hat nun Jemand einen andern, minder strafbaren Erfolg beabsichtigt, so kann er nur wegen dieses bestraft werden; war aber der schwerere Erfolg vorauszusehen, und der Handelnde wendet leichtsinnig seinen Verstand nicht an, sondern folgt seiner feindlichen Neigung, so wird auch der schwerere Erfolg ihm als verschuldetes Verbrechen zugerechnet werden müssen, das jedoch durch die Concurrenz eines beabsichtigten andern Verbrechens gesteigert und erschwert wird. Beide gedachte Fälle beziehen sich aber nicht auf Complication der Willensrichtung, wenigstens ist der Wille hier positiv und bestimmt, auch ist nicht abzusehen, warum Jarke die dritte Art der Willensrichtung dem Duell vindicirt — hier ist der Fall des sogenannten dolus eventualis oder indeterminatus. Es ist der Wille an sich beschlossen und fest, auch der Erfolg ist in Erwägung gezogen, und der leichtere und schwerere als möglich gedacht. Jarke sagt also nichts anders, als der Wille ist entweder ganz klar oder nicht; in ersterer Beziehung ist der Wille auf einen gewissen Erfolg, oder auf mehrere Arten des Erfolgs gerichtet, oder sieht sie doch als möglich voraus, oder endlich der Wille ist hinsichtlich des Zwecks und Erfolgs unbestimmt und sich nicht klar bewußt, also entweder dolus oder dolus mit culpa gemischt, oder unbestimmter Wille, dolus indeterminatus. Es bleibt aber immer nur soviel für den Gesetzgeber zu beachten, daß er nur ganz allgemeine Fingerzeige für den Richter zu geben, dieser aber bei der Abmessung der Strafen die Gemüthsverfassung des Handelnden und seine innere That aufzufassen und danach die Strafe abzumessen hat, ohne daß die Legislation hier ins Individuelle einzugehen vermöchte. Abgesehen von der verschiedenen Art des Willens-Aktes kommen hier noch andere Fragen, die gleichfalls eine ernste Betrachtung verdienen, zur Sprache. Der Verbrecher soll nämlich die That als unerlaubt und strafbar erkannt haben, aber die Fähigkeit des Erkennens ist verschieden, auch ist das Nichterkennen Folge von culposem Leichtsinn und Unüberlegtheit. Der letzte Fall tritt ein bei den culposen Delicten, wovon nicht weiter zu sprechen ist; es kommt aber sehr oft der Fall vor, daß der Handelnde die Strafbarkeit seiner That wohl ahnet und fühlt, aber die Prüfung von sich weist, indem theils die täuschende Phantasie ihm die Folgen als unschädlich oder gar zweckmäßig vormalt oder weil er, von der Leidenschaft gefesselt, dieser nicht nachgeben will, indem sie sophistisch genug ihm nur das angenehme Gefühl der Befriedigung zeigt.

Es mag sein, daß in einem solchen Fall die eigentliche Prämeditation oder die Verstandesconsequenz und die ruhige Kälte fehlt, ja es möchte scheinen, daß in dem Vonsichweisen der Prüfung, der Wille nicht so positiv böse sei; darf nun den irdische Gesetzgeber diese Kasuistik der Leidenschaft berücksichtigen, darf der Richter sie in Erwägung nehmen? Das erstere möchte zurückzuweisen sein, denn nicht die Motive des Willens, die außerhalb irdischer Beziehung stehen, und theils bewußt, theils unbewußt sind, kann der Gesetzgeber vor sein Forum ziehen, es ist die That, die Rechtsverletzung, wie sie der Verbrecher gewollt und beabsichtigt hatte, allein Gegenstand irdischer Rechtspflege. Die ganze unendliche Lehre von dem moralisch und sittlich Guten würde sonst in die Sphäre des Rechts gezogen werden, und ohne allen praktischen Anhalt würde nur der Willkühr das Thor geöffnet. Sollte nur Derjenige strafbar sein, der ein moralisches Examen bei jeder Handlung angestellt, so würde in der Regel eine Strafe nicht statt haben, denn wo fände der menschliche Verstand und Probabilismus keine Entschuldigung und Rechtfertigung. Ist dieses Vonsichweisen der Prüfung dem Staat und den Menschen minder gefährlich, minder schwer in seinen Folgen, oder steht der Verbrecher dann immer und allgemein auf einer geringern Stufe der Verderbtheit, als der consequente Verstandesmensch? Sollten alle diese Einflüsse, Geburt, Klima, Temperament, Geschlecht, Alter, Erziehung, Bildung, Umgang, Lebensart, Vermögen, physische Constitution u. s. w. von dem Gesetzgeber in die Waagschale gelegt und daraus eine Masse einzelner Strafscalen und Normen gebildet werden, was würde aus einem Gesetzbuch? Eine psychologische, moralische, immer und ewig unvollkommene Betrachtung, ein Chaos, die Praxis verwirrender Bestimmungen. Aber der Gesetzgeber, der Minima und Maxima der Strafmaaße aufstellt, giebt dem Richter genügenden Spielraum in der Anwendung, und mehr bedarf es nicht; der Richter, welcher nach menschlicher Einsicht die concrete That straft, wird allerdings alle inneren Triebfedern des Willens in actu erfassen, danach die Stärke des bösen Willens bemessen und mit Rücksicht auf die Objectivität der Handlung die Strafe so abwägen, daß sie nicht als unrecht erscheine, nicht als eine quantitative Wiedervergeltung; die That ist in quali et quanto zu begreifen, und es können und müssen also die Qualitäten des Willens, die Gründe desselben aufgefaßt werden. Der Gesetzgeber aber wird nun einen Damm gegen richterliche Willkühr, gegen die schlaffe Milderungssucht aufstellen müssen, indem er den Richter anweist, nie in das Begnadigungsrecht zu greifen, nicht bloß moralische und religiöse, oder gar allgemeine Meinungen und Vorurtheile zur alleinigen Norm sich dienen zu lassen, indem er ihn an das Strafgesetzbuch bindet und ihm ganz allgemein die Schärfungs- und Milderungsgründe vorzeichnet. Der Gesetzgeber wird nicht auf alle Specialitäten Rücksicht nehmen, wie er das auch nicht kann, verwerfen wird er die Ansicht, daß der vermeinte gute Zweck die Mittel heilige, und dadurch die That entschuldigt werde, warnen wird er vor der Meinung, als sei ein Verbrechen keines, weil eine klare sogenannte causa facinoris nicht ermittelt wird, und geistige Unfreiheit nicht allein daraus abzunehmen sei. So mag denn ein Verbrechen, aus Liebe, vermeintlich guter Absicht, aus schwärmerischen Meinungen entstanden, einen mindern Grad der Strafbarkeit involviren, in soweit hieraus ein minder verworfener Wille hervorleuchtet, es mögen die Gefühlsverbrecher, um sie so zu bezeichnen, in milderm Licht erscheinen, als die Verstandesverbrecher, ihre Strafbarkeit wird deshalb nicht aufgehoben; immer kann sich der Richter nur zwischen gesetzlichen Strafmaaßen bewegen. Dagegen kann man ihm nicht alle Rücksicht auf die Partikularitäten und Individualitäten abschneiden und ihn an die eiserne Nothwendigkeit von Gesetzen fesseln, die keinen Zwischenraum der Strafmaaße gestatten, die eine Strafe ein- für allemal mit draconischer Strenge verhängen. Sollen keine Maxima und Minima statuirt werden, dann muß der Gesetzgeber mindestens im Allgemeinen den Richter ermächtigen, nach Bewandniß des Falls bis zu gewissen Grenzen herauf oder herunter zu gehen. Nur in den gesteckten Grenzen bewege sich der Richter, diese aber seien so geräumig, daß die Praxis sich nicht sträube gegen die Ausführung des Buchstabens und eine gefährliche Rechtsunsicherheit herbeiführe. Vor allem aber muß der Gesetzgeber den gefährlichen und verderblichen Theorien von der Willensfreiheit entgegentreten, er muß es aussprechen, daß

> „die Freiheit des Willens bei jedem Menschen als Vernunftwesen zu statuiren und nicht aus dem Mangel erkannter Motive, aus der Schrecklichkeit und Unnatur der That, dem Mangel eines in die Augen springenden Zwecks, der Lehre vom gebundenen Vorsatz, der manie sans delire, der Amentia occulta und allen neuerdings angenommenen angeblich entschuldigenden Manieen, Suchten und Drängen, der Zugang eröffnet, nicht früher die Vernunft bezweifelt werde, als bis gegründete Beweise oder Anzeigen dafür zeugen und bis motivirte Gutachten Sachverständiger diese Zweifel für begründet erklären.“

Betrachtet man die Seelenstörungen näher, so sind sie theils solche, die die Denk- und Willensfreiheit gänzlich aufheben, theils solche, die sie mehr oder weniger schwächen; jene können eine Criminalstrafe nicht begründen, denn wo die Vernunft nicht thätig sein kann, da giebt es kein

Bewußtsein, keine rechtlich zu imputirende Handlung. Die Polizeibehörde mag die Mitbürger gegen die rohe Gewalt eines unvernünftigen Wesens schützen und daher Sicherungsmittel anwenden. Was aber die Zustände betrifft, in welchen die Geistesfreiheit mehr oder weniger gestört, gelähmt wird, so läßt sich hier eine gänzliche Straflosigkeit nicht rechtfertigen; wer denken kann, ist für die Folgen seiner Handlungen verantwortlich, aber welche Strafen anzuwenden seien, kann nur der einzelne Fall ergeben, und der Richter, durch Sachverständige geleitet, wird die Strafe in concreto angemessen bestimmen müssen. Freilich könnte man einwenden: wo ist die Grenze zwischen Seelenleiden, in denen die Vernunftthätigkeit ganz oder nur zum Theil aufgehoben ist? Und allerdings läßt sich diese auch a priori und allgemein nicht aufstellen. Ob die That mit Bewußtsein, mit einem bestimmten oder ungewissen, klaren oder getrübten, begangen worden, dieß müssen die Umstände der That, die angewendeten Mittel, das gesammte Vorleben des Verbrechers und auch das nachherige ergeben und schließen lassen.

Nach menschlicher Einsicht, geläutert durch die Grundsätze erfahrungsmäßiger Psychologie und der Medicin wird sich immer ein freilich nur wahrscheinliches Resultat ergeben, aber dies genügt, denn der Richter handelt überhaupt nach Wahrscheinlichkeiten. Er wird daher auf Grund der technischen Gutachten prüfen müssen, ob und in wie weit Geistesfreiheit vorhanden. Immer aber streitet die Präsumtive für die menschliche Freiheit. Ob nun der Gesetzgeber die einzelnen Genera und Species der Geistesstörungen und ihrer analogen Zustände aufzustellen hat? Es scheint nicht; denn theils bieten die Streitigkeiten der Psychologen und Aerzte ein immer neues Feld von Zweifeln, theils ist jede Klassifieation bedenklich und nie stabil, theils ist es dem Strafrichter gleichgültig, welches Leiden stattgefunden, indem es ihm nur darauf ankommt, ob und in welchem Maaße das Selbstbewußtsein existirt hat, oder nicht, theils entscheiden nicht die Namen sondern die Sache; endlich, sind die Entwickelungs- und Ausbildungsstufen jeder einzelnen psychischen Krankheit so verschiedenartig und individuell, daß mit dem Namen der Krankheit noch keineswegs die Beantwortung der Streitfrage, ob und in wie weit Willensfreiheit vorhanden gewesen, gegeben wird. Es können eben so wenig die im Entstehen und der Ausbildung begriffenen Keime einer gänzlichen Geisteskrankheit ignorirt werden, der Richter muß sie berücksichtigen, da sie eine Verstimmung des Innern und ein minder klares Bewußtsein hervorbringen müssen und schon selbst die Krankheit enthalten, ebenso wie er den Einfluß der Affekte berücksichtigt. Aufmerksam zu machen ist der Richter, daß oft in Handlungen scheinbar alle Momente überlegten Willens vorliegen, daß aber dessen ungeachtet eine Seelenstörung, wenn auch vorher und nachher kein fernerer Ausbruch vorgekommen, vorhanden sein könne; daß aber dergleichen nicht von vorn herein anzunehmen sei; wohl aber, wenn bei dem Mangel einer causa facinoris bisheriger untadelhafter Wandel und sittlicher Charakter mit der That contrastirt, die genaueste Forschung nöthig werde, daß diese aber allein noch nicht auf Unfreiheit zu schließen berechtigt, vielmehr der Arzt, Psychologe und Richter Data, die positiven Beweise liefern, constatiren und wenigstens logisch die Unfreiheit wahrscheinlich machen müssen. Ohne den alten Streit der Fakultäten wieder aufzurufen, scheint doch so viel gewiß, daß, da die Geistesstörungen in der Regel somatische Leiden herbeiführen und im Leibe ihren Reflex zeigen, nicht der reine Psychologe, Philosoph, Richter competent ist, ein Urtheil zu fällen. Der Arzt, d. h. der Seelen- und Leibesarzt, wird daher gutachten müssen, und der Richter wird dann die Entscheidung, so weit sie die Physis und das auf Grund derselben abgegebene psychische Urtheil betrifft und in sich logisch und faktisch richtig ist, hinsichtlich der Existenz der Krankheit adoptiren müssen. So weit wird ihm kein verwerfendes Urtheil zustehen. Urtheilt aber der Arzt ohne Rücksicht auf die Physis aus psychischen

Gründen ab, ist er reiner Psychologe, dann wird der Richter auch das Gutachten der höchsten technischen Behörde verwerfen können, weil ihm ganz allein die Entscheidung der Frage gehört, ob das Selbstbewußtsein, beim Mangel physischer Erscheinungen, die der Sachverständige zu constatiren hat, vorhanden sei. Das Gutachten des Arztes wird ihn leiten, aber nicht binden können, nur da kann es ver- verpflichten, wo er als Techniker Urtheile aufstellt, zu deren Prüfung dem Richter die Einsicht mangelt. Welchen Einfluß eine constatirte körperliche Erscheinung auf die Seelenkräfte habe, das hat der Arzt zu beurtheilen, ob demgemäß die gerichtliche Imputation stattfinden soll, dies zu entscheiden ist Sache des Richters; der Gesetzgeber aber kann wie gesagt hier nicht singuläre Bestimmungen erlassen, ohne das Urtheil zu fesseln, Ungerechtigkeiten zu veranlassen und den Richter zur todten Maschine eines willkührlichen Formalismus zu machen. Ebenso wenig kann der Gesetzgeber dies ganz und gar unberücksichtigt lassen, damit nicht auf Verwechselung der Rechts- und Moralitätskreise beruhende Ansichten der neuen strengen Seelenlehrer, welche in jeder geistigen Krankheit eine verschuldete finden, daher jedes in der Krankheit ausgeübte Verbrechen als verschuldet erachten und mit Härte alle mildernden Rücksichten zurückweisen, im Gegensatz zu der bereits gerügten Modekrankheit der Unfreiheits-Prädikanten Platz greifen. Es wird daher der Gesetzgeber auch hier nur allgemein dem Richter die Grenzen anweisen, die er nicht überschreiten möge, und es aussprechen, daß, da der irdische Richter den Willen nicht allein, nicht das gesammte Leben zu richten hat, sondern die einzelne strafwürdige Handlung, bei Abmessung der Strafe darauf Rücksicht zu nehmen sei, ob die Willensfreiheit ganz aufgehoben, in welchem Falle Straflosigkeit eintritt, oder nur geschwächt worden, in welchem Falle eine angemessene Modification der Strafe nach den Bestimmungen des Gesetzes selbst unter dem Minimo derselben eintreten könne. Daß aber bestimmte Grenzen nicht gesteckt werden können, ist klar, da der Uebergang von Freiheit zu Unfreiheit ein unendlich abgestufter ist, und eben so verschieden auch die Strafe sein muß. Es versteht sich übrigens von selbst, daß hier immer eine wahrscheinliche Feststellung wirklicher Krankheit vorhanden sein muß, daß aber bloße Motive, Meinungen und Ansichten von Recht und Pflicht, von Prädestination, unabwendbarer Nothwendigkeit u. s. w. nicht gemeint sind, denn Theorien der Art können der menschlichen Vernunft nur zur Schande gereichen, da sie das Hauptcriterium des Menschen, die Freiheit des Willens und somit alle Sittlichkeit, Tugend und Recht über den Haufen werfen; es ist nur die Meinung, daß approximando der Richter versuchen soll, die That nach ihrem wirklichen gesammten sub- und objectiven Inhalt, nach der wahren Rechts-Idee aufzufassen und abzuurtheilen mit allen ihren Individualitäten und daß die Verschuldung nicht a priori nach unwandelbarem ehernem Maaßstabe gemessen werden soll. Freilich bleibt dieser Versuch nur ein fragmentarisches, menschliches und unvollkommenes Werk, freilich bieten sich dem Richter hierbei unendliche Schwierigkeiten, allein alles dieses kann keinen Grund abgeben, Justizmorde herbeizuführen, wie sie die Nichtberücksichtigung der Geistesfreiheit in den frühern Zeiten möglich gemacht hat, wovon dem Verfasser ein evidentes Beispiel aus dem Anfang des 18ten Jahrhunderts bei einem Preußischen Gerichtshofe bekannt geworden ist.

Betrachten wir nunmehr die Vorschriften des Criminalrechts §. 16—38., so läßt sich gegen die in denselben ausgesprochenen Sätze nichts erinnern, wenn nur festgehalten wird, daß der §. 16. auf die Imputationsfähigkeit in abstracto, der §. 18. auf die in concreto sich bezieht, und wenn nur die Meinung als irrig erkannt wird, daß der §. 18. nur dann zur Anwendung komme, wenn das Gesetz relativ bestimmte Strafen feststellt, weil das Gesetz sonst offenbar bei den absolut bestimmten Strafmaaßen eine Ungerechtigkeit herbeiführen würde, der §. 18. aber allgemein und ohne Unterschied spricht und nicht von Graden der Strafe, sondern der Strafbarkeit selbst. Bei §. 17. würde bei den Strafen der Unmündigen, der Richter aufmerksam zu machen sein, daß hier eine strenge Zeitgrenze nicht entscheide, daß nach dem Grade physischer und geistiger Pubertät der Kraft zu überlegen und zu unterscheiden, in concreto festzustellen sei, ob Mündigkeit vorhanden oder nicht, und daß auch nach dem 14ten Lebensjahre dennoch eine Straflosigkeit eintreten könne, wo in Folge abnormer Entwickelung die Seelenkräfte die eines Kindes geblieben, so wie denn auch hier des hohen Greisenalters, das den Menschen wieder zum Kinde macht, zu gedenken sein würde, weil diese Altersschwäche nicht grade unter die Kategorie der Seelenstörungen fällt. Ob übrigens die Jünglingsjahre nicht besonders hervorzuheben und im Allgemeinen der Grundsatz auszusprechen sein würde, daß vor erreichter Großjährigkeit, wobei jedoch naturgemäß Ausnahmen zu statuiren, das Strafgesetz nicht volle Anwendung findet, dies möchte bedenklich erscheinen, weil die Zahl jugendlicher Verbrecher bedeutend groß ist, und in der Regel die Unterscheidungsgabe nicht fehlt; dagegen scheint die Grenze des 14. Lebensjahres nicht angemessen. Schon daß hiebei das Geschlecht nicht unterschieden worden, möchte nicht naturgemäß sein, man kann aber wohl füglich annehmen, daß bei dem Manne vor erreichtem 18ten, bei dem Weibe vor erreichtem 16ten Lebensjahre in der Regel die Freiheit der Handlung und Ueberlegung fehlt, und daß bis dahin die eigentliche Zeit der Unmündigkeit reicht. Der §. 18. in seiner Allgemeinheit, wird offenbar den Einfluß des Jünglingalters, der körperlichen Konstitution, der Erziehung u. s. w. mit umfassen, insoweit derselbe die Unterscheidungsgabe wirklich vermindert und schwächt, und es bedarf hiebei nur des Ausspruchs des Gesetzes, daß der Richter in diesen Fällen unter die ordinaire Strafe herunter gehen könne, weil das Strafgesetz, insofern es nicht schon durch Aufstellung besonderer Strafen für die Nüancen des Willens jene

Einflüsse mit berücksichtiget, z. B. bei dem Verbrechen der Tödtung offenbar bei den geringsten Strafmaaßen, dennoch immer Menschen voraussetzt, die frei und überlegt zu handeln vermögend sind. Daß der §. 16. sowohl den physischen Zwang als den geistigen umfasse, bedarf keiner Erwähnung, doch wird es zweckmäßig erscheinen, die beiden Arten des Zwanges besonders hervorzuheben. Die §§. 19—22. würden ihre zweckmäßige Stellung erhalten haben, wenn die §§. 518—524. von der Nothwehr und dem Exceß in Ausübung eines Rechts zusammengestellt worden wären, denn es hat nicht gesagt werden sollen, daß diese Bestimmungen rücksichtlich der Staatsdiener und Abgeordneten der Obrigkeit gar keine Anwendung leiden sollen, denn strafbarer Widerstand gegen die Obrigkeit kann es nicht genannt werden, wenn körperlichen Mißhandlungen, Angriffen auf die weibliche Unschuld u. s. w. entgegengetreten wird, soweit die Nothwehr überhaupt zu entschuldigen ist. Nach §. 21. l. c. muß man annehmen, daß Furcht vor Drohungen culpose Vergehungen und Excesse, und vorsätzlich begangene ersetzbare Beschädigungen entschuldige; insofern scheint dieser §. mit der Bestimmung des §. 524. im Widerspruch zu stehen, da dieser allgemein den Exceß der Nothwehr verhältnißmäßig bestraft wissen will, und in der That möchte die Bestimmung dieses §. angemessener erscheinen, weil sonst sogar die culpose Tödtung straflos erschiene, diese aber offenbar verpönt ist (§. 820. l. c.), auch verpönt werden mußte; dagegen fehlt in den Gesetzen eine Bestimmung, wie weit die Richter einen Exceß zu strafen haben. Das Strafgesetz sagt, allgemein verhältnißmäßig, die Strafe ist also arbitrair, und in der That läßt sich auch schwer eine allgemeine Regel aufstellen, gewiß ist nur, daß der Richter sehr bedeutend unter die Minima der Strafmaaße heruntergehen darf, und diese bis zur völligen Straflosigkeit herabsinken, ohne daß a priori hierüber etwas entschieden werden kann, da die Individualitäten der Personen und Verhältnisse hier so sehr einflußreich sind

§. 20. l. c. Der §. 820. wird übrigens die Grenze des Maximi der Strafe an die Hand geben. Der §. 22 des Criminalrechts, welcher das in einem ganz oder zum Theil unfreien Zustande begangene Verbrechen, nach dem Verhältniß der Verschuldung, je nachdem dolose oder culpa lata jener Zustand herbeigeführt wird, bestraft wissen will, hat zu vielen Bedenken und Zweifeln Anlaß gegeben. Wer sich absichtlich oder durch grobes Versehen in jenen Zustand versetzt, will ja noch nicht das Verbrechen selbst! Dieses steht in keinem innern Causalnexus, und es steht dieser Annahme die Vorschrift des §. 36. entgegen. Hat aber Jemand in dem veranlaßten Geisteszustande noch Ueberlegungskraft und Willensfreiheit, wenn auch beschränkt, so findet §. 18. und also eine modificirte Strafe der That selbst statt; so wie der §. 22. lautet, scheint er für die Heinroth'sche Theorie zu sprechen, daß das im Wahnsinn ausgeführte Verbrechen bestraft werden müsse, wenn jener culpose oder vorsätzlich herbeigeführt sei; dies kann der Gesetzgeber, ohne die moralische und juristische Sphäre zu verwechseln, nicht gemeint haben, auch steht der §. 16. dem entgegen, und wie sollte jener dolus oder culpa constatirt werden? Der Gesetzgeber hat entweder den Fall vor Augen, daß der geistesunfreie Zustand nur simulirt und zum Schein angenommen werde, in diesem Falle ist aber die volle Zurechnung unbedenklich, denn hier soll der affectirte Zustand nur als Maske dienen, oder er dachte daran, daß Jemand, wohl wissend, daß er in dem Zustande der Aufregung zu Verbrechen geneigt sei, diesen absichtlich oder culpose herbeiführte. That er es nun aus bloßer Fahrlässigkeit, so kann wohl die Handlung, z. B. das Trinken, wenn es sonst strafbar wäre, analog §. 38., schärfer geahndet werden, aber immer nicht die unfreie That. In dem Fall des dolus steht die Sache ungefähr so, wie wenn Jemand die Kräfte der leblosen Natur oder der Thiere aufregt, um dadurch ein Verbrechen zu begehen. Die eigene physische Natur erscheint hier als bloßes Mittel und

Werkzeug, der Handelnde selbst ist gewissermaaßen auctor intellectualis der unfreien That. Hat nun das Gesetz diesen Fall gemeint, wie es das Ansehen hat, so ist es allerdings richtig, daß er nach dem Verhältniß der Absicht und des Erfolgs strafbar erscheint, aber es ist immer darnach zu unterscheiden, ob die That selbst die ursprünglich beschlossene war oder nicht; in jenem Fall ist die volle Strafe begründet, denn es ist Wille und Erfolg übereinstimmend. Sind aber die Folgen schwerer als die ursprüngliche Absicht ging, so wird natürlich jenes Plus als culpose Handlung erscheinen und daher eine Concurrenz zweier verbrecherischer Erfolge eintreten, das beabsichtigte Verbrechen ist nicht nur eingetreten, sondern auch noch ein Verbrechen aus Fahrlässigkeit, und die Strafe muß daher geschärft werden. Wollte das Gesetz dies wirklich sagen, so hätte es bestimmen müssen, daß, wer absichtlich um ein Verbrechen zu begehen, sich in den Zustand des Affekts oder der Unfreiheit versetzt, und hiernächst ein Verbrechen begeht, mit der Strafe des beabsichtigten Verbrechens, wenn dies vollzogen worden, wenn aber ein schwereres begangen, mit der geschärften Strafe des culposen Verbrechens zu beahnden sei. Die §§. 23 bis 25. sind als allgemeine Prinzipien zwar in das Strafgesetzbuch nicht gehörig, sollen sie aber in demselben aufgenommen bleiben, dann würden die §§. 23. und 24. anders zu fassen sein, denn letzterer ist in jenem schon enthalten. §§. 26. sqq. sagen eigentlich nicht mehr als: Absicht sei Vorsatz, sonst ist der dolus nicht näher charakterisirt und kann daher nur auf die obige Ausführung recurrirt werden. Interessanter ist der §. 27. der eine legale Präsumtion des doli aufstellt, deren Folge eine der ordentlichen Strafe am nächsten kommende ist. cfr. §. 32. l. c. Ob und in wie weit diese Präsumtion und deren Folge auch bei dem Verbrechen der Tödtung (cfr. §. 812. sqq.) Anwendung leide, davon weiter unten, es frägt sich nur: gehört dieser §. überhaupt hierher oder in die Criminal-Ordnung zur Lehre vom Beweise und contrastiren nicht die Vorschriften der Criminal-Ordnung §. 276. 364. 368. 369. 402. 403? Wenn die Criminal-Ordnung den Beweis des Verbrechens dem Richter auflegt und dazu den bösen Vorsatz rechnet, und, im Fall ex indiciis auf dolus oder culpa gleichmäßig geschlossen werden kann, diese angenommen wissen will; überhaupt aber erklärt (§. 276. l. c.) daß es hierbei weniger auf das Geständniß als auf einen richterlichen Schluß ex indiciis ankomme, so entstehen hiebei zwei Fragen: ist der §. 27. an sich begründet? ist er nicht wirklich durch die Criminal-Ordnung modificirt? Der §. 27. setzt entweder voraus, daß, wer eine Handlung mit Bewußtsein begeht, den daraus nothwendig entstehenden Erfolg auch gewollt habe, weil er diesen hat voraussehen müssen, und vorausgesehen hat; ist dies der Fall, so wird eigentlich nur der allgemein nothwendige Grundsatz ausgesprochen, daß der menschlichen Natur gemäß, der, welcher mit Bewußtsein einen Erfolg herbeiführt, auch diesen gewollt, und vorausgesehen habe, dann aber war die Fassung des §., der eine Präsumtion aufstellt, nicht die richtige, denn jener Satz ist ein logisches Axiom und keine Präsumtion, selbst nicht juris et de jure. Es fehlen dann aber die weiteren Bestimmungen, wenn die Voraussicht des Erfolgs für erwiesen, wahrscheinlich oder nicht erwiesen angenommen werden soll, und man muß dann wieder auf die Criminal-Ordnung zurückkehren, wohin die Lehre von der Beweislast und Beweiskraft gehört, oder das Gesetz wollte die Praesumtio doli im Allgemeinen aufstellen; eine Theorie, welche ihr Hauptverfechter v. Feuerbach selbst verlassen, und deren augenscheinliche Grundlosigkeit jetzt nicht mehr dargethan zu werden braucht. Die §§. 27. und 32. sind dafür entschieden zu verwerfen, zumal sie auch den Bestimmungen der Criminal-Ordnung widersprechen und durch diese aufgehoben sind.

So wie die Willensfreiheit überhaupt, so kann die Willensbestimmnng insbesondere als internum in der Regel nur durch Folgerungen aus der äußern Manifestation,

d. h. aus den gesammten Umständen der That geschlossen und bestimmt werden. Allgemein kategorische Präsumtionen ohne Gegenbeweis aufzustellen, widerspricht der menschlichen Natur und der täglichen Erfahrung; viel zweckmäßiger sind daher die Bestimmungen des neuen Gesetzes der Criminal-Ordnung. Was hat sich auch der Gesetzgeber bei dem Worte „überführt" im §. 32. gedacht? will er damit sagen, daß bei Indicien-Beweis des dolus eine poena extraordinaria stattfinden solle, und warum dies? Ist dieser §. nicht ein Privilegium für die schwereren Verbrecher, die der That selbst überwiesen, den Vorsatz abläugnen, während der bessere, geständige ordinarie bestraft werden soll, und giebt es denn überhaupt einen vollkommenen juridischen Beweis des Vorsatzes? Es wird dieser §. wohl aus dem Gesetzbuch verschwinden. Gegen die übrigen §§. incl. 35 ist nichts Wesentliches zu erinnern, nur ist der Unterschied willkührlicher Strafen, welche vorkommen: §. 332. 391. 393. 500. 529. 702. 715. 726. 731. 732. 735. 736. 758. 955. 1038. 1042. 1046. 1062. 1085. 1101. 1103. 1236. 1240. 1245. 1254. 1264. 1321. 1326. 1411 a. 1440 b. 1451. 1503. und der unbestimmten Strafen cfr. §. 44. 82. 124. 130. 132. 142. 153. und 154. 157. 173. 178. 182. 183. 185. 319. 333. 334. 345. 347. 349. 352. 354. 355. 358. 370. 386. 396. 400. 438. 439. 445. 524. 692. 722. 739. 772. 775. 780. 797. 1029. 1080. 1263. 1308. l. c. nicht herausgehoben.

Es hat der Gesetzgeber für letztere weder ein Maximum angegeben, noch sonst Anhaltspunkte bezeichnet, überhaupt dürften dergleichen unbestimmte Strafgesetze nicht zu billigen sein, weil sie der Willkühr zu großen Spielraum lassen.

§. 3. Complicität der Verbrechen.

Die Lehre von der Complicität der Verbrechen ist bis auf die neueste Zeit eine der dunkelsten und bestrittensten gewesen, so daß es nicht wundern darf, wenn auch die

Bestimmungen der §§. 67. 84. l. c. dem Standpunkt der Wissenschaft nicht entsprechen. Auch hier hat der geniale Stübel in seiner bekannten, diesen Gegenstand betreffenden Monographie ein helles Licht aufgesteckt, so daß es nicht bedenklich sein möchte, seine Grundsätze Seite 118 a. a O. in das Gesetzbuch aufzunehmen. Er ist es zunächst gewesen, der die Stufen der Complicität richtig bezeichnet und eine sachgemäße Terminologie aufgestellt, der zuerst die Begriffe der Thäterschaft hinsichtlich des ob- und subjectiven Thatbestandes, d. h. der Zurechnung zur That und zur Strafe, welche bisher nie getrennt worden, gehörig gesondert, der endlich die fautores delictorum richtig getrennt hat; es ist ferner unbestreitbar richtig, daß der Begriff des Mitthäters durch die Frage nicht alterirt wird, ob die Hülfe nothwendig war oder nicht; es ist ferner richtig, daß nur diejenige Theilnahme nach vollendeter That strafbar erscheint, welche den zum Thatbestand nothwendigen Erfolg herbeiführen hilft, nicht aber die Hehlerei, Verpartierung u. s. w.; es ist unzweifelhaft, daß die unterlassene Anzeige oder Verhinderung eines Verbrechens keine Theilnahme enthält, sondern höchstens besondere Polizeistrafen begründet; ob der Erfolg einer That allein durch diese oder auch andere Ursachen mittelbar oder unmittelbar nothwendig oder wahrscheinlich, oder bloß möglich angetreten ist, ändert den Begriff nicht. Wer die zu dem Verbrechen erforderliche Absicht nicht hat oder nicht in dem vorausgesetzten persönlichen Verhältniß steht, ist nicht Mitthäter, eben so wenig, den Fall intellectueller Urheberschaft ausgenommen, diejenigen, welche ein Verbrechen befördern, das nur eine bestimmte Zahl von Complicen zum Thatbestand erfordert, dies sind Gehülfen, sie begehen aber in idealer Concurrenz oft noch ein eigenes Vergehen; als wissentliche Gehülfen stehen sie aber nicht auf einer Stufe der Strafbarkeit mit dem Theilnehmer. Die unmittelbaren Theilnehmer, welche nicht die Thatbestandshandlungen selbst verübt, sondern befördert, sind minder strafbar. Alle Thäter unmittelbar und mittelbar, d. h. physische und intellectuelle, sind mehr oder minder strafbar, je mehr oder weniger sie zur Verübung des Verbrechens mitgewirkt haben; der Gehülfe begeht entweder ein eigenes Verbrechen, und verwirkt dessen Strafe, oder er wird nach Maaßgabe der Strafbarkeit bis zu Eindrittheil der Strafe des Thäters bestraft, und es treten die Regeln der idealen Concurrenz bei Verbrechen ein; die bloßen Begünstiger will Stübel bis 3 Monate bestraft wissen, mit Ausschluß der Hehlerei und Partierung, die er zu einem eigenen besondern Verbrechen erhebt.

Im Allgemeinen muß sich hier überall der Verfasser zu den Ansichten Stübels bekennen, nur scheint seine strenge Meinung, es komme bei der subjectiven Strafbarkeit darauf, ob die Theilnahme ein unmittelbares oder mittelbares, direkt oder indirekt beabsichtigtes Interesse bezweckt, nicht an, (Seite 104.) nicht gebilligt werden zu können. Denn, wer wollte mit ihm den Verkäufer verfälschten und vergifteten Weins mit der Absicht einen Giftmord zu befördern, dem gleich strafbar ansehen, welcher fern von jener Absicht nur seinen Gewinn im Auge gehabt? Es kömmt hier nur darauf an, ob Jemand die Absicht des Thäters kannte oder nicht; befördert er diese, gleichviel, ob aus anderem oder gewinnsüchtigem Motiv, so wird er immer gleich strafbar erscheinen, da die Motive nicht entscheiden und das Interesse gleichgültig ist, kannte aber der Theilnehmer jene Absicht nicht, wenn ihm auch z. B. die Tödtlichkeit seiner Waare bekannt war, und er diese des Gewinnes wegen absetzte, so ist er hinsichtlich des verübten Verbrechens nur schuldbarer, culposer Beförderer. Die Handlung des betrügerischen Kaufmanns gewinnt zwar an sich, wegen der größern Gemeingefahr, eine härtere Seite, allein es ist hier immer keine Absicht zu tödten gewesen, nur eine culpose Tödtung kann eintreten, §. 723. des Criminalrechts; wußte und wollte er tödten, aus was irgend für einem Motiv, so wird er freilich der Strafe der Tödtung schuldig. Dagegen muß wiederum dankbar anerkannt werden, daß Stübels klar nachgewiesen, wie die Lehre vom Complott auf die Strafbarkeit an sich nicht influire, daß die Existenz desselben vielmehr nur den Beweis des dolus begründet. Daß die §§. 64. sq. a. a. O. nun nicht überall eine richtige Terminologie haben, darüber könnte man hinweggehen, wenn nur die angewendete Terminologie klar wäre. Das Allgemeine Landrecht nennt die physischen und intellectuellen Theilnehmer, an der den Thatbestand ausmachenden Handlung, Urheber, statt jene unmittelbare, diese mittelbare Thäter zu nennen. Es erklärt mittelbare und unmittelbare Thäter für gleich schuldig, schärft aber die Strafe der sogenannten Urheber oder Rädelsführer, und der im Complott Verbundenen, wogegen sich auch Nichts erinnern läßt. Hierauf stellt es die alte Lehre von den sociis principalibus et non principalibus aaf, und sieht diese minder, jene gleich strafbar mit dem Thäter an; diese Trennung ist überflüssig und unrichtig, es ist gleichgültig, ob die Theilnahme in einer Haupthandlung oder Beseitigung der Hindernisse, Erleichterung der Wirkung besteht, ob sie vor, nach, gleichzeitig eingetreten, ob die Hülfe nothwendig, oder nicht war, nur das Strafmaaß wird nach der Wichtigkeit der Theilnehmungshandlung bestimmt. Alle Theilnehmer und socii principales et non principales haben ebenso wie die Theilnehmer der Hauptthat, wie die intellectuellen Theilnehmer des Verbrechers das Verbrechen gewollt und verursacht, und dies begründet ihre natürlich gradweise nüancirte Verschuldung in concreto; ob ein Complott vorausgegangen oder nicht, ist rücksichtlich der Strafe gleichgültig; wer wissentlich zu Ausübung eines Verbrechers concurrirt, ist Mitthäter oder Urheber, wie das Allgemeine Landrecht sagt. Die Existenz des Complotts stellt nur den Beweis der Absicht fest. Der §. 73. des Criminalrechts ist nicht deutlich gefaßt, die socii ex compacto tales sind strafbar:

a) als intellectuelle Theilnehmen,

Stübel Seite 33. 82.

b) als unmittelbare Thäter.

Für den Fall ad b. sagt das Gesetz, kommt es nicht darauf an, ob sie alle Handlungen, die verabredet worden, selbst ausführen geholfen oder nicht, sie sollen dafür aufkommen; dies kann an sich nichts anderes heißen, als sie haften für die That als Theilnehmer, denn die verabredeten Handlungen sind ja die Theile der That; es bestimmt aber das Gesetz etwas Neues, es sagt:

> sie sollen solidarisch für alle Handlungen der Complicen haften, sie sollen also die schwerere Strafe leiden, wenn ihre Thäterschaft an sich auch eine geringere Verschuldnng begründet.

Es beruht diese Bestimmung auf der Annahme, daß eine wechselseitige Bestimmung und intellectuelle Theilnahme der Complicen stattfindet, eine Theorie, welche Stübel als unrichtig dargethan hat. Warum soll also hier außer der Schärfung (§. 66. a. a. O.) auch noch eine solidarische Uebertragung stattfinden, und hiermit das Princip, daß Jedem nach dem Grade seiner Verschuldung die Strafe abgemessen werden soll, verletzt werden? Wenn also z. B. ein Raub verabredet worden, soll derjenige, welcher bloß Wache gestanden, gleich strafbar mit dem sein, der den Raub ausgeführt, oder ihn nicht gehindert? Das Gesetz hat offenbar die alte Theorie von den sociis ex compacto talibus und accidentaliter talibus in der schneidendsten Härte ausgesprochen, und die auch in der Praxis so selten angewandte Lehre von dem Raube und Diebstahle in Banden, hat diese Härte noch bis zur möglichsten Spitze getrieben, indem der Anführer sogar bei Duldung als Haupturheber bestraft werden soll, (§. 1213.) indem das bloße Wachehalten bei einem Raubmord mit dem Rade von unten herauf verpönt wird, endlich sogar unterlassene Hinderung nicht vorausgewußter Mordthaten mit dem Rade von oben belegt werden soll, Gesetze, die in ihrer blutigen Strenge dem allgemeinen Rechtsprincip widerstreiten, und die Verschuldung des Thäters, der des Begünstigers und sogar dessen, der nicht hindert, gleich stellen. Der §. 73. muß daher abgeändert werden. Ein Jeder wird bestraft für seine Handlung und für die Anderer, in soweit er wirklich auctor intellectualis ist, nicht aber solidarisch. Was heißt auch der unbestimmte Ausdruck „haften"? Wann hat man auch praktisch bei Banden ermittelt, welche einzelnen Thathandlungen verabredet worden, und geschieht dies denn regelmäßig bei Banden? — Ebenso müssen, wie gesagt, die §§. 71. 72. abgeändert werden, denn welcher Beistand ist nöthig, uud was kömmt hierauf an? Es muß dem richterlichen Ermessen überlassen werden, nach dem Maaß der Theilnahme der Gehülfen auch unter das Minimum des Gesetzes herunter zu gehen, aber die Regel ist: die socii principales, non principales, ex compacto, accidentaliter tales sind an sich gleich strafbar.

Der §. 76. ist noch weniger zu rechtfertigen. Der, welcher bestimmter Rath und Anleitung giebt, ist intellectualer Urheber, ist mittelbarer Thäter und also mit der Poena ordin. an sich zu beahnden, ja er ist sogar bei einem instructiven Rath unmittelbarer Theilnehmer; in wiefern der unmittelbare Theilnehmer schon vorher entschlossen war, tritt der Rathgeber in die Kategorie des gewöhnlichen Theilnehmers, und wird nach dem Grade der Verschuldung bestraft, und doch will das Allgemeine Landrecht ihn nur so bestraft wissen, als ob er keinen nothwendigen Beistand geleistet, obwohl der instructive Rath oft ganz unentbehrlich ist. Das Allgemeine Landrecht mußte daher auf die §§. 71. 72. verweisen. Auf die bloße Anwesenheit des Rathgebers setzt jedoch der Gesetzgeber die Strafe des Urhebers offenbar, weil das Gesetz ihn dann als intellectuellen Urheber ansieht, aber die Anwesenheit selbst entscheidet dies nicht. Er kann intellectueller Urheber ohne anwesend zu sein, er kann anwesend, doch minder strafbar sein, als der physische Ausführer der That; oder hat das Allgemeine Landrecht gar wieder die Idee der Strafbarkeit der Nichtverhinderung ins Auge gefaßt?

Die §§. 78. 79. bestimmen den Fall, wenn Jemand

sich Anderer als rein mechanischer Mittel bedient, dann hat natürlich nur Er gehandelt, und wird nach seiner Verschuldung, sie sei dolose oder culpose, beahndet. Die §§. 80. bis 84. a. a. O. legen den Staatsbürgern Pflichten auf, Verbrechen anzuzeigen, so lange sie noch nicht begangen worden, und zu verhindern, sie erheben Pflichten der Moral zu positiven Zwangspflichten, knüpfen daran Civil-Folgen und unbestimmt gelassene Criminal-Folgen, sie lassen sich nicht rechtfertigen, in sofern keine Theilnahme stattfindet; eine juristische Zwangspflicht kann nicht vorhanden sein, denn sonst müßte diese noch viel weiter ausgedehnt werden, und würde der Kreis der Verbrechen keine Begrenzung finden; denn auch durch Laster u. s. w. werden Menschen gemordet, und sollen auch hier Liebes-Pflichten zu juristischen Zwangspflichten erhoben werden? Und welches praktische Resultat haben diese §§. seit 40 Jahren gehabt, und wie ist das Arbitrium des Richters geleitet? Die §§. bieten nur der Chikane und Bosheit Schutz und dienen frivolen Ansprüchen zum Deckmantel, sie begünstigen das Spionir- und Delationssystem, und können wenigstens in der aufgestellten Allgemeinheit, den Frieden der Familien zerstören und untergraben.

Die §§. 83. und 84. endlich verstoßen gleichfalls gegen die allgemeinen Begriffe. Derjenige, welcher an dem Vortheilen eines Verbrechens nach dessen Vollendung wissentlich Theil nimmt, ist weder mittelbarer noch unmittelbarer Theilnehmer, weder Urheber noch Gehülfe; die That ist geschehen, warum soll er also die nächste Strafe nach der ordentlichen leiden? Hehlerei, Partierung und andere Handlungen, die den Verbrechern die Verbergung erleichtern, die das Verbrechen der Aufsicht des Staats, den Ermittelungen des Beschädigten entziehen, sind ohne Zweifel strafbar aber es ist dies ein ganz eigenes mit Polizeistrafen zu beahndendes Vergehen und der gewerbsmäßige Hehler soll sogar mit der poena ordinaria belegt werden?! — Selbst wenn der Hehler, Begünstiger u. s. w. vor der

Ausführung des Verbrechens seine Hülfe der Art zugesagt hat, ist er noch nicht indistincte ordinarie zu strafen, denn er ist entweder wirklich intellectueller Urheber, d. h. er hat den Handelnden zur That bestimmt oder nicht; ist ersteres der Fall, was jedoch regelmäßig nicht der Fall ist, dann ist er eben intellectueller Theilnehmer, im entgegengesetzten aber ist er gar nicht Theilnehmer, er befördert und erleichtert nicht die Ausführung, er sichert nur den Verbrecher vor Entdeckung und Strafe, er hindert den Beschädigten zu seinem Eigenthum zu gelangen, und zieht selbst eigenen Vortheil. Nicht zu verkennen ist die hohe Gefährlichkeit dieser Menschen, und es müssen auch hohe Strafen wider sie verhängt werden, aber besondere und bestimmte! Nicht die Strafen der That, denn sonst müßte der, welcher in Folge eines Mordes für das Verschweigen seiner Wissenschaft sich hat eine Belohnung versprechen lassen, sogar mit Kapitalstrafe belegt werden, müßte der, welcher einigemal gestohlene Sachen verheimlicht, beim vierten Diebstahl nach der einen geltenden Ansicht lebenslänglich eingesperrt werden. Ueberhaupt ist diese Theilnahme in der Regel nur bei der Theilnahme an den Vortheilen des Diebstahls und Raubes praktisch, und hier hat der Gesetzgeber specielle, strenge Bestimmungen erlassen, deren specielle Kritik nicht Vorwurf dieser Ausführung ist. §. 1208. sq. Nur auf die Härte des §. 1218. und die noch strengere Bestimmuug des §. 1229. soll hier aufmerksam gemacht werden. Rücksichtlich der letztern ist zu erwähnen, daß für das bloße Dulden der Ermordung eines Menschen in der eigenen Behausung die höchste Strafe des Gesetzes verhängt ist; eine Bestimmung, welche offenbar gegen alle Straftheorie verstößt, wenn sie auch ohne Zweifel voraussetzt, daß eine Verhinderung möglich gewesen und der Grund der Duldung in Gewinnsucht liege.

Nach dieser andeutungsweise geschehenen Revision der wichtigsten allgemeinen Grundsätze des Landrechts über ob- und subjectiven Thatbestand, wenden wir uns nunmehr zu dem speciellen Thema dieser Abhandlung und soll hiernächst in dem formellen Theil eine Prüfung der Lehre vom Beweise des sub- und objectiven Thatbestandes im Allgemeinen und in specie des Verbrechens der Tödtung erfolgen.

Besonderer Theil.

Vom Verbrechen der Tödtung.

§. 4. Vom objectiven Thatbestande der Tödtung.

Die Lehre vom Todschlag und Mord bildet im Allgemeinen Landrecht einen Theil der Lehre von den körperlichen Verletzungen, wie dies auch angemessen ist. Das Landrecht hat nämlich folgende Scala angenommen: die Beschädigungen sind entweder culpose oder dolose und zwar leichterer oder schwererer Art. Die culposen Verletzungen von den leichtern an bis zur Beraubung des Lebens finden ihre Strafen im §. 777. sq., und wird sich gegen diese Vorschriften, wenn nur das Detail der Vorbeugungsmittel in das Polizei-Gesetzbuch gewiesen und die Handlungen selbst als Vergehen charakterisirt werden, wenig erinnern lassen. Die vorsätzlich zugefügten geringern Verletzungen bilden hiernächst den niedrigsten Grad und werden Injurien gleicher Art gleichgestellt. §. 796. a. a. O. Die vorsätzliche animo nocendi zugefügten Verletzungen trifft eine Strafe von 2 Monat bis 3 Jahre. War die Absicht zu beleidigen damit verbunden, so tritt eine Strafe von 2 bis 3 Jahren ein; eine Strafe, welche in ihrem minimo und maximo nicht recht quadrirt, denn zugegeben, daß der animus injuriandi das Strafmaaß steigere, obwohl ein Grund hierzu nicht klar vorliegt, wenn man auch eine ideale Concurrenz der Verbrechen gegen Ehre, Gesundheit und Leben darin finden will, wird ganz im Gegensatz später eine beabsichtigte Verstümmelung oder Verunstaltung §. 799. und 800. a. a. O. härter bestraft, als wenn eine solche Verletzung nur animo injuriandi erfolgt ist, §. 639. Man muß daher annehmen, daß der Gesetzgeber die Verletzung der Ehre in der Scala unter die Verstümmelung setzt, wogegen sich auch nichts einwenden läßt. Noch höher stellt das Gesetz die beabsichtigte Beraubung des Geistes, und setzt sie hier mit Recht der Lebensberaubung gleich, ist sie aber unbeabsichtigt oder in Folge vorsätzlicher Beschädigung eingetreten, so soll die Strafe stattfinden, welche der im Fall des erfolgten Todes verwirkten am nächsten kömmt; dies ist nicht schlechterdings lebenswierige Freiheitsberaubung, vielmehr finden die Vorschriften §. 815. u. f. auch hier ihre Anwendung, doch scheint die Bestimmung der Strafe nicht angemessen. Es ist gewiß richtig, daß geistige Tödtung eben so strafbar sein muß, als leibliche, warum ist also nicht schlechterdings die Geistesberaubung, in sofern sie unheilbar ist, der Tödtung gleichgestellt, in sofern sie aber zweifelhaft ist, der Verstümmelung, und warum soll das gebrauchte Mittel so wichtig sein, und einen erheblichen Unterschied in der Strafe machen? cfr. §. 862. u. f. Doch davon weiter unten bei der Lehre vom Giftmord. Bewirkt aber die vorsätzliche Beschädigung eines Andern dessen Tod, so ist das Verbrechen der Tödtung vorhanden, und so bildet eigentlich das Verbrechen vorsätzlicher Beschädigung des geistigen Lebens den Uebergang zu der Lehre von dem Todtschlag im Allgemeinen Landrecht. Daß das Duell seine Stelle in der Lehre von Injurien gefunden, möchte sich nicht wohl rechtfertigen lassen. Es ist eigentlich ein Akt verbotener Selbsthülfe und verdient eine besondere Behandlung, daher die unangemessene Bestimmung des §. 670., daher die furchtbare Härte der §§. 671. 672. u. f., denn es ist einleuchtend, daß auch bei dem Duell der Vorsatz zu tödten gänzlich ausgeschlossen sein kann, warum also immer Todesstrafe und warum die hohe Strafe des §. 672? Zwar wird der Gesetzgeber allerdings dem Vorurtheil und der eigenmächtigen Selbsthülfe Widerstand leisten müssen, allein darf derselbe übersehen, daß die Duellanten mit gleichen Waffen versehen, beide wechselseitig sich provoziren und ihre Beschädigung und Tödtung als möglich voraussetzen und darin willigen, daß ihnen die Mittel gegeben sind, sie abzuwehren, daß endlich das Princip der äußern Ehre nur zu oft auf unsträflichen Meinungen und Ansichten beruht? Warum soll also der Duellant nichts desto weniger, sogar in vielen Fällen härter als der gemeine Todtschläger beahndet werden, wie endlich läßt sich die Vorschrift §. 689. rechtfertigen, nach welcher bei Duellanten, die nicht von Adel und nicht zum Offizierstande gehören, die bloße Ausforderung als Versuch zum Morde angesehen werden soll? Doch diese Vorschrift wird jedenfalls beseitigt werden, so wie auch der §. 690. ganz abgeändert werden muß.

Von dieser Abschweifung kommen wir auf den Todtschlag zurück und untersuchen die gesetzlichen Requisite desselben nach §. 806. a. a. O. Schon nach der aufgestellten Scala ist klar, daß der Gesetzgeber erfordert zum Begriff des Todtschlags a. den Tod eines Menschen als Folge, b. die Handlung eines Menschen als Ursache, und zwar c. eine vorsätzliche. Er frägt sich nun 1. von welcher Art müssen die Handlungen sein, welche die volle Strafe des Todtschlags herbeiführen sollen? Das Gesetz geht offenbar (cf. §. 27. 80. und 812.) von der Ansicht aus, daß eine Handlung, aus welcher nach allgemeinen oder individuell dem Thäter bekannten Verhältnissen die Wirkung hervorgehen mußte, eine vorsätzlich begangene sei, weil anzunehmen, daß der Handelnde die Folgen der That vorausgesehen habe. Die Präsumtion des §. 27. wird §. 812. wiederholt aufgestellt. Schon oben bei der Critik des §. 27. ist die Unangemessenheit der Aufstellung einer solchen Präsumtion, deren Natur, ob und in wie weit sie einen Gegenbeweis zulasse, nicht erhellt und die nicht nur mit den Vorschriften der Criminalordnung §. §. 276. 364. 368. 369. 402. 403. in Conflict tritt, auch gar nicht hierher, sondern in die Lehre vom Beweise gehört, endlich auch der Natur der Sache nicht immer entspricht, nachgewiesen. Es ist daher zu hoffen, daß bei der Revision dieser Lehre der §. 812. und die noch specielleren Präsumtionen §§. 813. u. 814. ganz ausscheiden werden. Merkwürdig ist, daß §. 813. u. 814. die entstehende Vermuthung eine rechtliche nennen, als wenn der §. 812. keine rechtliche aufstellte, und doch stellen eigentlich diese §§. factische Vermuthungen auf. Es wird nämlich aus den factischen individuellen Verhältnissen auf die Voraussicht der Folgen und die Absicht des Handelnden geschlossen oder dieselbe vermuthet. Mit welchem Recht und zu welchem Ende hat nun der Gesetzgeber diese rein faktischen Verhältnisse zu einer rechtlichen Präsumtion qualificirt? und dadurch nicht nur das Arbitrium des Richters auf eine bedenkliche Weise gefesselt, sondern auch, angenommen es sei nur eine praesumtio juris, nicht praesumtio juris et de jure aufgestellt, dem Angeklagten der Gegenbeweis obtrudirt, obwohl die Criminalordnung §§. 364. 368. 369. die Beweislast dem Richter, richtiger dem Staats-Anwald auflegt; zudem, was ist ein zum Tödten bestimmtes Instrument? und wie bedient man sich eines Instruments auf tödtliche Weise, oder endlich, wie bedient man sich eines Instruments nur in der Absicht, zu tödten? Das Gesetz will aus der Präsumtion die Folgerung der Absicht entnehmen, und doch soll diese wieder die Präsumtion rechtfertigen? (§. 814.) Warum ist man von der einfachen Bestimmung des Entwurfs §. 674., wonach die gebrauchten Mittel und Werkzeuge unerheblich sind, abgewichen? Das allgemeine Landrecht erfordert also solche Handlungen, die gewöhnlich oder nach der dem Thäter bekannten Individualität des Beschädigten den Tod zur Folge haben, also mit einem Worte, lebensgefährliche Verletzungen, die Lebensgefahr mag nun eine allgemeine sein oder eine individuelle, die der Thäter kannte; sind die Handlungen nämlich nicht dieser Art, so ist die tödtliche Absicht nicht zu präsumiren, und deshalb tritt die Todesstrafe nicht ein cf. §. 816. 819. Wie kam nun das Gesetzbuch dazu, statt einfach zu bestimmen, daß, wer einen Menschen mit dem Vorsatz zu tödten lebensgefährlich verletze und ihn hierdurch tödte, mit der Todesstrafe belegt werden soll? Der Grund hiervon liegt tiefer, nämlich darin, daß das Gesetzbuch, die Lehre von dem directen und indirecten Dolus umgehend, den Vorsatz zu tödten nicht in den Begriff des Todtschlags aufnahm und in der unbestimmten Absicht zu beschädigen, im §. 806. den dolus directus und indirectus umfaßte, dennoch aber §. 815. die culpa dolo determinata wieder aufnahm und deshalb, um Härten zn entgehen, die Handlungen selbst qualificiren mußte. Indem es nun nur lebensgefährliche Handlungen, welche als solche der Thäter vorausgesehen, für hinreichend annahm, schloß es alle die Handlungen aus, deren Lebensgefährlichkeit der Thäter nicht vorausgesehen, und da es die Strafe von der Einsicht des Thäters in die Folgen der Handlung abhängig machte, so glaubte es Präsumtionen aufstellen zu müssen, unter welchen die Voraussicht beim Mangel des sonstigen Beweises anzunehmen sei, hat aber gerade hierdurch theils die Natur des menschlichen Willens und dessen Bewußtseins verkannt, theils ein kaum lösbares Dunkel über die Natur des Vorsatzes des Thäters verbreitet nnd endlich die gröbsten Irrlehren veranlaßt. Es fehlt nach der Ansicht Vieler, die den §. 806. ganz eigentlich auf den Fall des dolus indirectus beziehen, an einer Strafbestimmung für den absichtlichen, klaren und bewußten Todtschläger im Affekt; denn der Mord setzt eine Prämeditation voraus, die nicht bei jedem Todtschläger, mag derselbe auch vorsätzlich handeln, vorhanden ist. Es kann die Absicht zu tödten, im

Augen-

Augenblick entstanden und realisirt, dennoch klar und bewußt sein; und wenn man sagen will, die Absicht zu beschädigen enthalte ja auch die Absicht zu tödten, und es passe also der §. 806. ganz wohl, wo bleibt denn die Meinung derer, welche auf jeden im Affekt begangenen Todtschlag den §. 806. anwenden? Denn wer wird es leugnen können, daß die Natur des menschlichen Willens und des Vorsatzes verschiedenartig ist, daß derjenige, welcher nur beschädigen, aber nicht tödten wollte, und der, welcher in unbestimmtem Gefühle ohne deutliches Wollen, ohne klare Einsicht in die Folgen handelte, nicht gleich strafbar erscheinen, und wer wird behaupten, daß der Gesetzgeber das Gegentheil hat festsetzen wollen? Denn beweist nicht der §. 815. ganz deutlich, daß der Gesetzgeber die Absicht zu tödten vorausgesetzt habe, indem die bloße Wahrscheinlichkeit der entgegengesetzten Absicht die Todesstrafe ausschließt, und folgt dies nicht aus den Worten des §. 814., in welchem der Absicht zu tödten ausdrücklich gedacht wird, und sollen nicht die §§. 811. bis 814. eben die Präsumtionen der tödtlichen Absicht enthalten? Es erfordert also der §. 806. den Vorsatz zu tödten; die bloße Absicht zu beschädigen ist nicht genügend, um die Todesstrafe zu begründen, und es haben die Worte „solche Handlungen unternommen, wonach nach dem gewöhnlichen allgemein oder ihm besonders bekannten Laufe der Dinge der Tod erfolgen müßte" eben den Zweck gehabt auszusprechen, daß der Vorsatz ein tödtlicher gewesen sein müsse, es möge nun dieser bestimmt und klar gewollt sein, oder es möge das Wollen selbst an sich unbestimmt und unklar dennoch in der Manifestation sich als ein so gefährliches gezeigt haben. Der Gesetzgeber von der Ansicht ausgehend, daß Jemand, der vorsätzlich einen andern tödtet, mit der Strafe des Schwertes zu belegen sei, und weil er den dolus determinatus und indeterminatus zusammen faßte, eben deßhalb der dolus indirectus oder die culpa dolo determinata oder der dolus eventualis andererseits in den Begriff des Verbrechens aufgenommen werden müsse, sah eben hierdurch sich wieder genöthigt, Bestimmungen aufzustellen, wonach aus dem facto auf die Absicht geschlossen werden sollte. Ob übrigens das Allg. Landrecht unter Verletzungen namentlich nur äußere Wunden verstanden, ist zwar nicht klar, denn der Sprachgebrauch wechselt, wie die §§. 819. 837. 845. 846. 847. zeigen; allein es ist ohne Zweifel anzunehmen, daß die Läsion auch eine innere durch Ruptur der Gefäße, Gehirnerschütterung rc. sein kann. Der Ausdruck Laesio scheint daher besser durch Verletzung als durch Verwundung ausgedrückt zu werden. Hiernach scheint denn die den Tod bewirkende Handlung entweder eine solche sein zu müssen, die unmittelbar unter allen Umständen, oder die nur in Bezug auf das bestimmte Individuum den Tod herbeiführen mußte. Interessant ist es, hiebei den Unterschied des Entwurfs des Allgemeinen Landrechts §. 674. und des Landrechts selbst wahrzunehmen. Während der Entwurf die absolute und die individuelle Letalität im Begriff nicht unterscheidet, sondern allgemein eine Handlung voraussetzt, welche nach dem natürlichen und gewöhnlichen Laufe der Dinge den Tod herbeiführe, hat das Allgemeine Landrecht die absolute und die dem Thäter bekannte individuelle Letalität besonders herausgehoben. Es möchte auch juristisch nicht zweifelhaft sein, daß wenn Jemand die physische Abnormität des Beschädigten kennt, und diese Wissenschaft benutzt, er ebenso sträflich erscheint, als wenn er allgemein schädliche Handlungen ausübt, da es nur auf seine Wissenschaft und seine Einsichten in die Folgen der That ankömmt. Ob aber dieser Unterschied schon in die Definition des Todtschlags aufzunehmen sei, oder nicht die Vorschrift des §. 810. genüge, der so eigentlich überflüssig ist, während der gleiche §. 678. des Entwurfs seine volle Bedeutung hat, da der individuellen Letalität in §. 674. noch nicht gedacht worden, ist eine Frage, die füglich zu verneinen ist; so wie denn überhaupt die Definition die Handlung nicht näher bezeichnen durfte, vielmehr ganz einfach den Todtschlag als dasjenige

Verbrechen zu bezeichnen hatte, welches die vorsätzliche ohne Vorherüberlegung begangene und den Tod des Beschädigten bewirkende Verletzung ist. Diese Verletzung muß aber im Sinne des Allgemeinen Landrechts eine solche sein, welche entweder absolut oder individuell die Lebensgefahr wahrscheinlich macht und deshalb auf den animus occidendi schließen läßt. Noch viel interessanter ist die Abweichung des Entwurfs vom Allgemeinen Landrecht in der Beziehung der tödtlichen Handlung als Requisit der Tödtung; denn während der Entwurf nur solche Handlungen erfordert, welche möglicherweise gefährlich sind, verlangt das Allgemeine Landrecht solche, die es nothwendig sind. Ist also die Verletzung nicht schlechterdings letal in abstracto oder concreto, so muß man nach §. 806. des Criminalrechts die Todesstrafe ausschließen. Haben die Redactoren an die Fälle der Heilbarkeit der Wunden gedacht, und die vulnera per se letalia im Auge gehabt?

Dagegen scheint es nach §. 811. des Landrechts, daß es nicht nothwendig zum Begriff des Todtschlags und der Todesstrafe ist, daß der Thäter die Folge als nothwendig vorausgesehen, sondern es genügt, daß sie ihm wahrscheinlich gewesen; mithin ist §. 806. wieder beschränkt und eigentlich also der Entwurf, der den §. 811. gar nicht kennt, wieder hergestellt. Es ist auch unbedenklich, daß zum corpus delicti nicht gehört, daß die Verletzung unter besondern Umständen wieder geheilt werden könne. Des Todtschlags ist schuldig, wer den Andern durch eine Handlung, welche die Lebensgefahr als wahrscheinlich oder möglich ihn voraussehen ließ, des Lebens beraubt; nur in sofern scheint der Entwurf restringirt, daß jener die Möglichkeit, das Allgemeine Landrecht aber die Wahrscheinlichkeit der Folge voraussetzt. Es darf übrigens kaum erwähnt werden, daß das „Wahrscheinlich" des §. 811. sich nicht auf die Wahrscheinlichkeit des Beweises der Voraussicht, sondern auf die Wahrscheinlichkeit der Folge bezieht, und hätte gesagt werden sollen „als wahrscheinlich". Man muß aber dennoch annehmen, die §§. 806. und 811. seien in der Art zu verstehen, daß zwar zum corpus delicti die absolute oder individuelle Letalität nothwendig gehöre, diese also feststehen müsse, daß es aber rücksichtlich des Bewußtseins des Thäters nur darauf ankomme, ob er die Lebensgefahr als wahrscheinlich vorausgesehen, so daß der §. 806. ein allgemeines objectives Kriterium der Handlung, der §. 811. ein subjectives aufstellt. Dem steht nicht entgegen, daß

1) abgesehen davon, daß der §. 806. schon auf die subjective Kenntniß Rücksicht nimmt („ihm besonders bekannten Laufes der Dinge"),
2) der §. 809. zeigt, daß die Wahrscheinlichkeit des Causalnexus genüge, nämlich nur, in soweit von unmittelbar tödtenden Handlungen die Rede ist (cfr. §. 816.),
3) ferner nach dem Stande der medizinischen Wissenschaft und der Natur der Sache ein absoluter und mathematischer Beweis des Causalnexus unmöglich sei, und daher die Todesstrafe nie anzuwenden sein würde, so wie dies der klassische Stübel unwiderleglich dargethan habe,
4) auch sich der Rückschritt gegen den Entwurf gar nicht denken lasse, da ja aus der Natur der Handlung nur auf die Absicht geschlossen werden solle, der Tod als Folge überhaupt feststehe und nur eine falsche Humanität und Zweifelsucht aus grundlos supponirter Möglichkeit die ordentliche Strafe ausschließen würde.

Es genüge also zur Anwendung der Todesstrafe die Wahrscheinlichkeit des Causalnexus, wie dies überhaupt Grundsatz der richterlichen Beweisführung, §. 393. der Criminalordnung. Daß diese Ansicht auch die der Redactoren des Landrechts gewesen, beweise auch Klein in seinen Grundsätzen des gemeinen deutschen Rechts §. 272. Soll also auch obige Ansicht, daß die Redactoren die objective und subjective Voraussicht der Lebensgefährlichkeit in den

§§. 806—811. geschieben, richtig sein, so bleibe doch jedenfalls feststehen, daß zu der einen so wenig als zur andern Gewißheit gehöre, wie sie denn auch rücksichtlich der objectiven Gefährlichkeit nicht möglich sei, und rücksichtlich der subjectiven Gefährlichkeit selbst das Geständniß der Voraussicht nur Wahrscheinlichkeit gewähre, wie weiter unten im formellen Theile gezeigt werden soll — denn alle diese Gründe erschüttern obige Annahme nicht. Ganz kategorisch sagt der §. 806., daß der Causalnexus feststehen müsse, d. h. dem Richter, während bei dem Morde §. 836. ausdrücklich die Wahrscheinlichkeit des Causalnexus genügend erklärt wird, wie dies auch derselbe Klein §. 284. annimmt. Die Redactoren haben offenbar bei dem Morde einen geringern Grad der Gewißheit erfordert, als bei dem Todtschlag; der Entwurf dagegen, welcher den §. 836. nicht kennt, bedurfte dessen auch nicht, weil er selbst beim Todschlag die Möglichkeit des Causalnexus für genügend erachtete. Uebrigens aber versteht es sich von selbst, daß es hier nur auf die historische Gewißheit, die allerdings auf eine Wahrscheinlichkeit hinausläuft, nicht auf eine absolute oder mathematische ankömmt. Es ist daher nach dem Allgemeinen Landrecht, das den Entwurf sichtbar geändert hat, Requisit des Thatbestandes, daß der Causalnexus, so weit es überhaupt richterlich und menschlich geschehen kann, gewiß und feststehend sein muß, daß also ein Gutachten von Sachverständigen, wonach sie eine Verletzung nur als wahrscheinlich lebensgefährlich erklären, nicht hinreicht, um die Todesstrafe anzuwenden, daß namentlich eine Section oft da nothwendig erscheinen wird, wo sie beim Morde nicht unumgänglich nothwendig ist. Denn wie Klein richtig bemerkt, soll erst aus der Tödtlichkeit der Handlung bei dem Todtschlag auf die Absicht geschlossen werden, während der §. 836. die Gewißheit der tödtlichen Absicht schon voraussetzt. Gesteht also der Thäter ein, daß er die Absicht zu tödten gehabt, und hat er die Lebensgefahr nur als wahrscheinlich voraus gesehen, so trifft ihn die volle Strafe §. 806.; steht aber seine Absicht zu tödten nicht fest, so muß, meint das Gesetz, die Lebensgefährlichkeit an sich feststehen, weil, wenn diese nur wahrscheinlich ist, es daher auch nur um so weniger wahrscheinlich ist, daß der Thäter die Lebensgefahr vorausgesehen und also die Absicht zu tödten gehabt; diese Wahrscheinlichkeit aber soll nicht genügen, indem der Schluß aus der Handlung auf die Absicht schon an sich gefährlich ist, und selbst bei feststehender Letalität der Wunden der Schluß auf die Absicht nur Wahrscheinlichkeit giebt. Die Prämissen dieses Schlusses sollen daher feststehen; stehen diese aber fest, so kömmt es nicht darauf an, ob der Thäter den Tod als Folge seiner Handlung als nothwendig und gewiß vorausgesehen, es genügt, wenn er der Lebensgefährlichkeit ungeachtet die Handlung ausgeführt. Ohnehin kann ein Nichtmediziner in der Regel nicht mit Gewißheit die Tödtlichkeit der Handlung voraussehen. Es ist also ganz richtig, daß der Todtschlag eine größere Gewißheit des Causalnexus als der Mord erfordert. Dann aber, könnten die Gegner einwenden, scheinen die §§. 809. 810. ganz überflüßig und müssig. Dies ist aber nicht der Fall; sie sollen einen Damm gegen die Willkühr der Aerzte und die Schlaffheit und Zweifelsucht der Richter bilden, denn, sagt das Gesetz, wenn der Tod unmittelbar auf eine Verletzung eintritt, und es ist das Gegentheil nicht wahrscheinlich (der Entwurf §. 677. erfordert sogar Gewißheit des Gegentheils, um die Todesstrafe auszuschließen), so soll der Causalnexus für festgestellt erachtet werden; ist dies nicht der Fall, so kömmt es auf die körperliche Beschaffenheit des Verletzten an.

Man mag nun das „unmittelbar" auf die Zeit beziehen und mit „sofort" erklären, oder als Gegensatz von den mittelbaren Wirkungen (§. 816.) ansehen, und auf absolute Letalität beziehen, was gleichgültig ist, obwohl diese Ansicht als die richtigere erscheint, so ist doch darum in beiden Fällen der Beweis des Causalnexus für geführt anzusehen, weil ein vernünftiger Grund des Gegentheils nicht vorhanden ist und der Tod als zeitliche Folge der Verletzung, diese daher auch als wirkende Ursache erscheinen muß, wenn eine andere nicht wahrscheinlich gemacht ist; denn der Natur der Sache gemäß ist eine Handlung nicht ohne Wirkung, und also logisch kein Zweifel gegen die Richtigkeit des Schlusses, daß auch in Casu der Tod die Folge der Handlung gewesen. Wenn also ein gesunder Mensch in Folge eines Schusses, Stiches u. s. w. sofort todt zusammenstürzt oder ohne Hinzutritt einer andern Ursache stirbt, so soll der Schuß, Stich ꝛc. als die Ursache angesehen und nicht etwa die Möglichkeit einer Apoplexie u. s. w. statuirt werden; oder ist die Verwundung der Art, daß ohne alle medizinische Untersuchung klar ist, daß sie den Tod herbeiführen müßte (es haut z. B. Einer einem Andern den Kopf gänzlich ab), so soll dann der Beweis für geführt angesehen werden, weil er in der allgemeinen Erfahrung und den Gesetzen des menschlichen Organismus begründet ist. Daher ist denn in dem §. 810. das Wort „außerdem" nicht als ein überdies praeterea, sondern als ein im Gegentheil contra zu interpretiren. Gerade die Hinzufügung der §§. 809. 810. wird durch die Ansicht gerechtfertigt, daß der §. 806. Gewißheit des Causalnexus verlange, weil entgegengesetzten Falls die §§. 809. und 810. sich ganz von selbst verständen; die §§. 809. und 810. bilden also in sofern eine Beschränkung des allgemeinen im §. 806. ausgesprochenen Prinzips und es stellt sich mithin die Ansicht des Allgemeinen Landrechts hinsichtlich des objectiven Thatbestandes der Tödtung dahin: es gehört dazu eine unerlaubte Handlung gegen einen lebenden Menschen, welche den darauf erfolgten Tod verursacht hat. Die Gewißheit des Causalnexus zwischen Handlung und Erfolg muß aber, in sofern nicht der Tod sofort und unmittelbar nach der Verletzung eingetreten und jene also gesetzlich zu präsumiren ist, festgestellt werden, und es genügt die Wahrscheinlichkeit des Causalnexus nicht zur Anwendung der ordentlichen Strafe; die Gewißheit selbst kann übrigens keine andere als die allgemeine historische und juridische sein. Soviel vom objectiven Thatbestande.

§. 5. Vom subjectiven Thatbestand der Tödtung.

Wie aber die Willensrichtung des Handelnden gewesen sein müsse, ist jetzt zu untersuchen. Es ist schon oben gesagt worden, daß der Gesetzgeber die Absicht zu tödten vorausgesetzt habe. Wir wollen hierbei kein Gewicht auf das Wort „feindselig" §. 806., das im Entwurf fehlt, legen, denn dies möchte wohl den Gegensatz zu den Beschädigungen bei Ueberschreitungen des Nothwehr- und des Züchtigungsrechts bilden, und keine besondere Qualification des Willens andeuten. Die §§. 813. 814. 815., welche gleichfalls im Entwurf fehlen und schon oben rezensirt worden sind, und die Bezeichnung der Handlung im §. 806. beweisen es deutlich, daß der Gesetzgeber nicht auf die Absicht bloß zu beschädigen die Todesstrafe verhängt, daß er vielmehr voraussetzt, die Absicht zu tödten liege klar vor, oder sie sei wahrscheinlich, wohl zu merken wahrscheinlich hinsichtlich des Beweises. Denn der Gesetzgeber machte keinen Unterschied ratione des dolus directus, des dolus indirectus, eventualis und der culpa dolo determinata und belegte alle diese Fälle, also auch die Fälle des unbestimmten Wollens, der unklaren Einsicht, gleichfalls mit der Todesstrafe §. 806., in sofern nur die Absicht zu tödten wahrscheinlich ist; d. h. selbst da, wo der Thäter nicht Rechenschaft geben kann, soll der Richter nach den Umständen des concreten Falls auf die Absicht schließen, ob diese nämlich auf Tödtung gerichtet war oder nicht; vorzugsweise dachte der Gesetzgeber an die Fälle des Affekts, den Todtschlag aus Jähheit und Zorn der Carolina, welcher auch den Fall bestimmten, jedoch nicht prämeditirten Wollens enthält. Um so nothwendiger war es daher für den Gesetzgeber, welcher den dolus directus umgehen wollte, jedenfalls die **wahrscheinliche Absicht der Tödtung** zu postuliren, weil sonst die Strafe an sich hart, rein draconisch erscheinen müßte. Es würde auch hierüber kein Zweifel obwalten, wenn der §. 815. besser gefaßt wäre. Zunächst ist nämlich von Fällen des §. 811. und 814. gar nicht die Rede, denn die §§. 812. bis 814. stellen keine Fälle, sondern Präsumtionen auf, doch kommt es hierauf nicht sehr an. Erheblicher ist der Satz „nach den vorwaltenden besondern Umständen"; hieraus hat man nämlich deduciren wollen: um die Todesstrafe auszuschließen, müßte der Thäter besondere Umstände außerhalb der tödtenden Handlung nachweisen. Hierin ist aber eine Bestimmung der Art nicht enthalten; theils ist dem Beklagten die Beweislast nicht obtrudirt, auch bezieht sich der §. 367. der Criminal-Ordnung auf einen andern Fall, und setzt den Beweis des Verbrechens und des Vorsatzes schon voraus, da sogar culpa im Zweifel, nicht dolus präsumirt werden soll, §. 403. der Criminal-Ordnung, — theils bedeutet der Ausdruck „unter den vorwaltenden besondern Umständen" nichts anderes, als „den vorhandenen Umständen, den Umständen in concreto", und es ist daher jene Annahme höchst willkührlich. Es sagt §. 815. nichts anderes als: wenn die Präsumtionen §§. 812. bis 814. nicht stattfinden oder andere Umstände denselben entgegenstehen, und sie elidiren oder doch schwächen, so kann die Todesstrafe nicht eintreten; denn die §§. 811. bis 814. setzen ja die Voraussicht der Lebensgefahr, die Absicht zu tödten voraus; es hätte daher richtiger der §. 813. so gefaßt werden sollen: ist es den Umständen nach nicht wahrscheinlich, daß der Thäter die Absicht zu tödten gehabt, so soll u. s. w.

Aber nicht nur Wahrscheinlichkeit der Absicht zu tödten muß vorhanden sein, um die Todesstrafe zu bedingen, sondern auch nach der Ansicht des Verfassers eine Wahrscheinlichkeit der Einsicht in den Erfolg, also Wahrscheinlichkeit eines deutlichen Wollens. Es ist nämlich kaum zu glauben, daß, wenn der Affekt bis zu dem Grade gestiegen ist, daß der Handelnde gar nicht weiß, was er will, und ganz blind und ohne alle Ueberlegung handelt, der besonnene, wenn gleich noch nicht prämeditirte Todtschläger mit jenem im höchsten Affekt handelnden auf einer Stufe der Strafbarkeit stehen sollte, da doch der Gesetzgeber im §. 18. seine Absicht, auf die Fähigkeit zu überlegen mehr oder minder Rücksicht zu nehmen, im Allgemeinen ausgesprochen hat. Es muß unseres Erachtens aus dem concreten Fall in seiner Totalität, den gebrauchten Mitteln, Zeit, Ort und Persönlichkeit des Thäters geschlossen werden, ob die Absicht zu tödten und die Einsicht in die Handlung in concreto wahrscheinlich sei; nur wenn dies der Fall, könne der §. 806. in Anwendung gebracht werden; es müsse also nicht schlechterdings, wie Viele meinen, jeder Todtschläger mit dem Schwerdte (jetzt Beile) gerichtet werden. Diese nämlich, indem sie die Grade der Willensfreiheit und der Ueberlegungskraft nicht unterscheiden, übersehen, daß die Absicht zu tödten nur dann wahrscheinlich sein kann, wenn der Thäter die Lebensgefahr vorausgesehen; denn §. 811. sagt ausdrücklich: „hat der Thäter die Lebensgefahr vorausgesehen", die Gegner aber würden offenbar statt dessen supponiren „voraussehen können"; der Richter muß doch in allen Fällen die Wahrscheinlichkeit, daß der Thäter die Folgen seiner Handlung, wenn auch nur als wahrscheinlich vorausgesehen, und daher die Absicht zu tödten gehabt habe, für sich haben, um das Leben abzusprechen, sonst würde ja die culpa dolo determinata völlig gleichgestellt werden müssen dem dolo, der dunkle Drang der klaren bestimmten Absicht. Selbst Klein, der den Gegnern scheinbar das Wort redet (§. 282. sq.), setzt immer voraus, daß nicht erhelle, daß die Absicht zu tödten ermangele, d. h. also die Wahrscheinlichkeit der Absicht zu tödten, womit zugleich die Wahrscheinlichkeit der Einsicht in die Folgen der Handlung verbunden ist, und die offenbar nicht deßhalb supponirt werden darf, weil Jemand im Affekt gehandelt hat; sollte aber der Gesetzgeber sich dieses Moments nicht klar bewußt gewesen und der Meinung gewesen sein, daß jeder Todtschläger ohne Prämeditation und in jedem Grade des Affekts mit der vollen Strafe zu belegen sei, so muß jedenfalls de lege ferenda ausgesprochen werden, daß die Todesstrafe nur bei klarer, bestimmter Absicht zu tödten, sofern sie nur wahrscheinlich sei, eintreten könne, in den andern Fällen aber der Richter zwischen dem Minimo von 10 Jahren bis zum Maximo lebenswieriger Freiheitsstrafe zu wählen habe. Nur nach der angenommenen Auslegung des §. 815. läßt sich auch dieses Minimum und Maximum erklären, weil die Gradationen des Willens zwischen klarem und bestimmtem Wollen bis zur Fahrlässigkeit und bis zum Nichtwollen, die Stufen zwischen dolus directus und culpa dolo determinata sehr vielfach sind; man müßte denn annehmen, daß nach dem mehreren oder mindern Grade der Wahrscheinlichkeit des Mangels des animus occidendi die Grenzen gezogen werden sollen!! Es scheint also der subjective Thatbestand der mit der Todesstrafe belegten Tödtung eines Menschen in der Absicht zu tödten, in dem deutlichen und klaren mit der Einsicht in die Folgen der Handlung verbundenem Wollen zu liegen. Es genügt aber zur Anwendung der Strafe die Wahrscheinlichkeit dieser Absicht, dieser Einsicht, dieses Wollens, weil es, selbst im Falle des Geständnisses, eine Gewißheit des Beweises der innern That nicht giebt. Wie übrigens die Absicht des Todtschlägers von dem vorherüberlegten Vorsatz des Mörders sich unterscheidet, davon weiter unten.

Unterlassen kann übrigens der Verfasser nicht, zu bemerken, daß die Todesstrafe keine angemessene Strafe des Todtschlags scheint; schon der code Napoleon hat diese Strafe für zu hart befunden, und dies ist sie auch in der That. Wenn, wie nicht anders zu erwarten, jede qualificirte Todesstrafe wegfallen und das Fallbeil die einzige Art der Hinrichtung geworden sein wird, wird die Härte des Gesetzes noch um so klarer erscheinen, so wie denn auch die lebenswierige Freiheitsstrafe in der Regel viel zu hart sein, und statt deren eine zeitige, deren Maximum etwa auf 20 Jahre zu fixiren sein dürfte, genügen möchte. Denn in den Fällen des einfachen unqualificirten Todtschlags fehlt es immer an dem eigentlichen boshaften und vorbedachten dolus, mindestens müßte die Todesstrafe auf den dolus directus beschränkt und dieses ausdrücklich ausgesprochen werden. Die Bestimmung des §. 816. hat nur durch die alte Lehre von der Letalität der Wunden eine unzweckmäßige Fassung erhalten; an sich läßt sich gegen diese Bestimmung, daß, wenn der Tod nur eine mittelbare Wirkung der Verletzung gewesen, das Strafmaaß von 6—10 Jahren angewendet werden soll, nichts erinnern. Denn da die mögliche Einsicht in die Folgen der Handlung den Strafgrund abgiebt, ist es allerdings einleuchtend, daß je schwieriger jene, desto mehr die Strafbarkeit herabsinkt. Daß aber der Thäter auch diejenige mittelbare Wirkung, welche er vorausgesehen, zu vertreten hat, ist nach dem Allgemeinen Landrecht Thl. I. Tit. 3. §. 8. unzweifelhaft. Es kömmt also immer darauf an, ob der Thäter die Folge herbeigeführt, d. h. gewollt nnd beabsichtigt; ist dies der Fall, so hört sie auf eine mittelbare zu sein, denn das anderweitige Ereigniß oder die nichtgewöhnliche Beschaffenheit des A. L. R. Thl. I. Tit. 3. §. 5. ist eben vom Thäter geflissentlich hervorgerufen, benutzt und zu seiner eigenen That gemacht worden.

Der §. 816. setzt also voraus, daß der Thäter die mittelbare Folge nicht vorausgesehen nnd gewollt, die Verletzung ist also hier per accidens letal, der Tod ist eine Folge der Handlung, und eines andern fremden Ereignisses, mit Ausschluß der unterlassenen Hülfsleistung, welche §. 819. berührt wird, gewesen, und er kann als solcher nicht zugerechnet werden; es wird aber die in tödtlicher Absicht, denn diese wird in den §§. 816—819. l. c. immer vorausgesetzt, zugefügte Verletzung, welche den Tod als zufällige Folge herbeigeführt, beahndet. Ist nun die Absicht zu beschädigen vorhanden gewesen, so müssen die §§. 816. 819. a. a. O. außerordentlich angewendet werden, und das Strafmaaß wird unter 3 Jahren liegen — cf. §. 798. a. a. O. —, weil der eingetretene Tod die ordentliche Strafe des letzten §. erhöhet, welcher nur Schaden an Gesundheit und Gliedmaßen voraussetzt. Fehlt auch die Absicht zu beschädigen, so tritt die Strafe fahrlässiger Tödtung ein. Der §. 817. giebt entweder die Bestimmung für den Fall der sogenannten letalitas per se, es tritt nämlich durch eine außerordentliche Kur Heilung ein, oder es ist hier überhaupt vom delictum perfectum §. 40. a. a. O. die Rede; im Allgemeinen läßt sich hiergegen Nichts einwenden, daß aber der erstere Fall dabei mit im Sinne gewesen, dürfte aus §. 818. folgen. Dieser will eigentlich nichts Anderes sagen als, daß, wenn die Verletzung nicht absolut oder individuell letal gewesen, der Tod aber wegen Mangels an Hülfe, also mediate eingetreten, dennoch die Todesstrafe eintreten solle, wenn der Verletzende die mittelbare Folge voraussehen müßte. Durch diese Bestimmung ist theils die obige Ansicht, daß vorhergesehene, also beabsichtigte Folgen gleichfalls vertreten werden müssen, bestätigt, theils auch der Grundsatz anerkannt, daß auch omittendo durch negative Handlung eine Tödtung begangen werden kann. Aus dem Beisatz „müßte" ist aber zu entnehmen, daß der Gesetzgeber die wirkliche Absicht zu tödten voraussetzte, nicht die bloße culpose Omission für genügend erachtete; denn andernfalls würde er gegen die §§. 815. 818. und gegen den allgemeinen Grundsatz verstoßen, daß die culpa nicht so hart beahndet werden kann, als der dolus, denn er muß der Voraussicht und Absicht überführt sein, um der ordentlichen Strafe zu verfallen §. 32. l. c. Die Härte der Strafe bei der Tödtung ohne Vorbedacht erscheint in diesem Fall nur um so klarer. Die von dem Gesetzgeber milder angesehenen Tödtungen bei Ueberschreitung des Noth- und Züchtigungsrechts rechtfertigen sich von selbst, da der Handelnde an sich hier rechtmäßig und befugt handelt, aber nur durch Ueberschreitung des Rechts fehlt, hier also der strafbare animus zu

wurfs bestimmt für den Mörder aus Verzweiflung und Lebensüberdruß die Strafe des Rades oder Schwerdtes, das Allgemeine Landrecht aber hob diese Bestimmung auf und erklärte nur, daß die Concurrenz der Geringschätzung des eigenen Lebens bei mörderischem Vorsatz die Todesstrafe nicht ausschließe; wer also überhaupt seinen eigenen Tod quovis modo sucht und bezielt, der soll nicht mit der Todesstrafe belegt werden, weil die boshafte feindselige Absicht fehlt, und das Motiv nicht so verbrecherisch ist. Noch milder beahndet das Gesetz denjenigen, welcher Todtkranken in guter Absicht das Leben abkürzt, er soll als fahrlässiger Todtschläger beahndet werden, und es ist vorzugsweise cf. §. 779. der Arzt im Sinne gewesen. Wer zu dem Tode eines Andern mit dessen Willen beiträgt, wird härter mit 5 bis 10 Jahren beahndet, wogegen sich Nichts erinnern läßt; daß aber auf den Verdacht hin, daß der Thäter den Wunsch zu sterben in dem Getödteten veranlaßt habe, lebenswierige Freiheitsstrafe eintreten soll, läßt sich wohl nicht rechtfertigen. Denn wenn selbst diese Urheberschaft des Selbstmordes feststände, so kann doch unmöglich die Todesstrafe eintreten, wo der animus hostilis fehlt, da der Getödtete denn doch eingewilligt hat, — und auf einen Verdacht hin soll eine lebenswierige Freiheitsstrafe eintreten? Daß übrigens die Länge der möglichen Lebenszeit des Ermordeten unerheblich ist, versteht sich von selbst, und ist nur zu bemerken, daß im §. 835. statt „übrigen" es heißen muß „übrigens".

Die §§. 827. 828. correspondiren den §§. 817. und 819. bei dem einfachen Todtschlag. Was den objectiven Thatbestand des Mordes anbetrifft, so unterscheidet er sich nur insofern von dem des Todtschlags, als jener, wie schon oben erwähnt, nur Wahrscheinlichkeit des Causalnexus zwischen Handlung und Erfolg erfordert. Zu bemerken ist übrigens bei dem §. 836., daß die Ungenauigkeit des Gesetzgebers in der Wortfassung sehr deutlich in die Augen springt; denn nachdem der §. 826. die nothwendige Willensbestimmung sehr treffend vorher überlegten Vorsatz genannt und §. 835. ganz unnütz den Mörder noch als vorsätzlichen bezeichnet, als gäbe es einen ohne Vorsatz, spricht der §. 836. von der bloßen Absicht zu tödten, die zu dem Begriffe des Mordes gar nicht hinreicht; daher ist es denn auch klar, daß in den §§. 837—838a. unter der tödtlichen Absicht gleichfalls der mörderische Vorsatz zu verstehen ist. Der Gesetzgeber glaubte bei dem Verbrechen des Mordes für die Fälle des delicti perfecti oder inchoati §. 40. 41. l. c. Bestimmungen treffen zu müssen, die bei dem Todtschlag ihm nicht nöthig schienen, weil hier theils der §. 815., theils die allgemeinen Vorschriften über den Versuch ausreichten. §. 837. schließt sich übrigens an die Bestimmungen der §§. 799. und 810. l. c. an, und die §§. 808a. und 838b. geben die dem §. 42. und 43. l. c. korrespondirenden Vorschriften für das delictum attentatum. — Hierauf kömmt das Allgemeine Landrecht auf die besonders gravirten Species des Mordes und hebt von diesen zuerst den verabredeten Mord hervor. Hier ist nur zu bemerken, daß die socii principales von oder bei der That (§. 71—72. l. c.) mit lebenswieriger Freiheitsstrafe beahndet sind. Diese Vorschrift scheint jedoch in ihrer Allgemeinheit zu hart, und es kann deshalb auf den allgemeinen Theil Bezug genommen werden.

Die socii non principales sollen mit 10 bis 20jähriger Freiheitsstrafe beahndet werden (§. 72. l. c.), und diese Bestimmung möchte wohl gerechtfertigt erscheinen; minder die des §. 842. Denn haben auch Mitverbundene Hand angelegt, so sollen sie doch nur mit lebenswieriger Freiheitsstrafe belegt werden. Der Umstand, daß der eigentliche Thäter nicht ermittelt worden, kann aber die Todesstrafe nicht rechtfertigen; zwar scheint die Ansicht des §. 73. hier durchzuwirken, gegen dessen Unanwendbarkeit schon oben das Nöthige gesagt ist; der Entwurf §. 695. sq. ist überall milder.

Das homicidium in turba, welches hier eingeschaltet worden, setzt voraus, daß keine mörderische Absicht statt gehabt. Beziehungsweise ist bei dem Todschlag im Tumult (§. 171. l. c.) zu bemerken, daß der gedachte §. voraussetzt, daß nicht ermittelt ist, wer die eigentliche tödtliche Wunde beigebracht habe; denn dann tritt mindestens die Vorschrift §. 845. 846. l. c. ein, da der §. 171. eine rein polizeiliche Verdachtsstrafe ausspricht. Zu merken ist ferner noch, daß keine specielle Vorschriften für socii eines Mordes ohne Verabredung gegeben sind, und müssen hier daher die allgemeinen Grundsätze angewendet werden. Der befohlene Mord §. 849. sq. bedarf weniger Erläuterung. Der Auftragende wird als auctor intellectualis angesehen. Der §. 850. spricht von der intellectuellen Theilnahme an einem homicidium simplex. Dieser §. ist analog dem §. 806. so stehen geblieben, wie er im Entwurf lautet, und sollte es eigentlich jetzt heißen statt „leicht erfolgen konnte": „leicht erfolgen mußte". Der §. 851. ist analog dem §. 815. Auch bei dem gedungenen Morde sollen erschwerende und mildernde Umstände berücksichtiget werden; übrigens wird es nicht bedenklich scheinen, die §§. 849. sq. auch auf den aufgetragenen, durch Drohungen erzwungenen Mord anzuwenden.

Der bloße Rath wird nach §. 76. und 72. des Strafrechts zu behandeln sein, eben so die Vorstellung: das Verbrechen sei erlaubt. — Die Bitten dagegen und der instructive Rath dürften gleichfalls nach §. 849. sq. oder was dasselbe ist, als intellectuelle volle Theilnahme behandelt und angesehen werden müssen.

Den Schärfungsgrund bei dem Giftmorde §. 856. sq. sieht das Allgemeine Landrecht in der Schwierigkeit der Vermeidung und Entdeckung; es scheint übrigens nach §. 856. auch den Meuchelmord hierher zu zählen, welcher mittelst hinterlistigen Anfalles ausgeführt wird. Was Gift sei, darüber hat sich das Gesetz nicht ausgesprochen, indeß scheint doch so viel gewiß, daß nicht jedes φαρμακον, welches nach chemischen oder dynamischen Gesetzen die Gesundheit dauernd oder zeitweise zerstört, und daher nicht jedes medizinische Gift zum Thatbestand des Giftmordes genüge. Denn liegt das Kriterium in der Heimlichkeit und der daraus fließenden Schwierigkeit der Entdeckung und Verhinderung, so ist die Anwendung der Strafe des Giftmordes ausgeschlossen, sobald die Beibringung des Giftes nicht heimlich geschieht, und sowohl die Anwendung von Gegenmitteln als auch die Entdeckung leicht ist, oder wenn die Natur des Giftes die Heimlichkeit selbst ausschließt. Es wäre daher wünschenswerth, wenn das Gesetz dies ausdrücklich ausspräche, weil durch die dürren Worte des §. 837. die Meinung erzeugt werden kann, daß jede Anwendung von Gift einen gesetzlichen Giftmord enthalte. Ob übrigens ein Stoff als Gift gewirkt habe und habe wirken können, darüber wird das kundige Urtheil der Sachverständigen zu bestimmen haben. Doch kömmt es ohne Zweifel auch hier auf die subjective Kenntniß des Thäters von der schädlichen Natur des Stoffes und die Art der Anwendung des Mittels, die sonstigen Umstände der That, die Absicht des Thäters an. In Einklang mit der Bestimmung des §. 836. nimmt das Gesetz das Verbrechen für consummirt an, sobald eine als Gift festgestellte Substanz dem Beschädigten beigebracht worden, dieser hierauf gestorben und der Causalnexus wahrscheinlich ist (§. 858.), ohne daß diese Wahrscheinlichkeit nothwendig eine Section des Leichnams voraussetzt (§. 859.). Warum das Gesetz aber an die 8tägige Frist eine so wesentliche Folge geknüpft (§. 859.), ist nicht recht einzusehen, und dürfte auch wohl in sich keinen Grund haben; denn da die Gifte nur relativ wirken, so scheinen dergleichen kritische Normaltage rein willkührlich zu sein. Ob es wünschenswerth sei, daß der Gesetzgeber die allgemein als Gift anerkannten Substanzen im Gesetz aufstelle, darüber sind die Meinungen getheilt. Da jedoch auch eine nicht schlechthin als Gift bekannte Substanz doch als solches relativ wirken kann, da es hierbei theils auf die Absicht und Einsicht des Handelnden ankommt, theils auf die Heimlichkeit des Mittels, so scheint eine solche Aufstellung um so weniger statthaft, als mit den Fortschritten der Heilkunde und der Naturwissenschaft überhaupt die Zahl der gefährlichen Potenzen einerseits und deren Antidota andererseits sich beständig vermehren wird. Wichtiger für die Gesetzgebung wäre es aber, die mit mörderischem Vorsatz erregten Affekte z. B. Schrecken, Furcht, Verzweiflung, den Giften gleichzustellen. Denn wenn Jemand vorsätzlich und von der Nervenschwäche des Andern wohl unterrichtet denselben durch Schrecken u. s. w. tödtet oder in unheilbaren Wahnsinn versetzt, wovon die Beispiele nicht selten, fehlt hier irgend Etwas an allen Requisiten eines gefährlichen nicht zu beseitigenden Mordes, ist hier nicht Absicht und Erfolg im Einklang und das Mittel wohl geeignet, und sollen dergleichen Mörder der Strafgerechtigkeit entgehen? Freilich wird das Verbrechen nur constatirt werden können, wenn der Tod unmittelbar auf die That erfolgte, aber ist hier nicht wirklich ein schweres geistiges Gift angewendet worden, und kann die Schwierigkeit der Feststellung einen Unterschied der Strafbarkeit an sich ausmachen? Würde hier etwas Anderes vorliegen, als wenn z. B. durch Anwendung der Wirkungen des Galvanismus der Tod herbeigeführt würde? wenn also Tödtung mittelst der Voltaischen Säule erfolgt, würde diese nicht mit der Strafe des qualificirten Mordes belegt werden müssen, und wirkt der Affekt des Schreckens anders als jene, nämlich durch Lähmung des Nervensystems und Apoplexie? Wenn das corpus delicti nicht vollständig, d. h. die beabsichtigte Wirkung nicht consummirt ist, so ist, je nachdem Wahnsinn, lebenslängliches Siechthum, eine unheilbare Krankheit erfolgte §§. 862. 864. 865. die Strafe ermäßigt; daß die Absicht zu tödten aber härter angesehen werden solle, als die den Geist zu zerstören, Wahnsinn zu erregen (§. 868.), möchte nicht zu rechtfertigen sein. Interessant ist ferner, daß auch der Gebrauch in concreto unschädlicher Sachen mit 6 bis 10jähriger Freiheitsstrafe beahndet werden soll (§. 866. sq.). Hier ist nicht einmal delictum attentatum vorhanden könnte man sagen, woher ohne corpus delicti eine Strafe? Der Gesetzgeber hat zum Prinzip aufgestellt, daß die schon in äußere Handlung überhaupt ausgebrochene verbrecherische Absicht strafbar sei (§. 42. 838a.). Man muß jedoch dabei unterscheiden, ob überhaupt die Handlung den Erfolg möglicherweise hat herbeiführen können, — dies ist bei Giften, da sie relativ wirken, in der Regel der Fall, — oder nicht: im ersteren Fall ist wirklich crimen attentatum vorhanden, im zweiten, wo das gebrauchte Mittel an sich widersinnig ist, z. B. das dem Verfasser mehrfach praktisch bekannt gewordene Todbeten, ist keine strafbare Handlung vorhanden. Denn die bloße Absicht kann nicht bestraft werden, eben so wenig wie ein zufälliger Erfolg, und eben so wenig kann auch da, wo eine Wirkung bereits herbeigeführt ist, diese nochmals herbeigeführt werden. Daher denn auch an einem Leichnam keine Tödtung verübt werden kann, auch wenn der Handelnde den Todten für lebend gehalten; denn in diesem, wie in jenem Falle hat die Wirkung nicht eintreten können, dort weil das Mittel den Zweck nicht herbeiführen konnte, hier weil der Zweck als solcher nicht mehr vorhanden war. Die Bestimmung des §. 866., in welcher das „Unschädlich" sich auf den concreten Fall bezieht, denn absolut ist nichts unschädlich, scheint daher wohl gerechtfertigt. Die Lehre von den Philtris, einer Ausgeburt des Aberglaubens, bereits ziemlich obsolet, gründet sich darauf, daß hier eigentlich keine feindliche Absicht vorliegt, und die Analogie des §. 838. daher die Milderung der Strafen nothwendig macht; ob und was als Philtrum zu betrachten, muß in casu der Arzt entscheiden. Es sind meist heftig reizende und auf die Sensibilität wirkende Mittel, welche einen der Gesundheit nachtheiligen Erfolg haben. Die schweren Strafen der §§. 870. 871. 872. für Vergiftung der Brunnen u. s. w. beruhen auf der Gemeingefährlichkeit und setzen jedenfalls mindestens die Absicht zu beschädigen voraus. Das Parricidium (§. 873. sq.), der Verwandten- und Elternmord als qualificirter Mord ratione des Gegenstandes bietet zu keinen besondern Bemerkungen Stoff, um so reichlicheren aber die Lehre vom Kindermord. Wie unzureichend die vom Gesetzgeber wohlmeinend vorgeschriebenen Vorbeugungsmittel sich in der Praxis erwiesen, mit welchem Unrecht das Gesetzbuch indicia des Kindermordes, Verheimlichung der Schwangerschaft und Geburt zu Criminal-Verbrechen gestempelt, wie hart die darauf gesetzten Strafen, darüber waltet kein Zweifel ob, und es steht zu erwarten, daß bei der Revision der Gesetzgebung, diese Lehre, gegen welche sich die übertriebenen Philanthropen nur zu sehr aufgelehnt haben, eine gänzliche Umarbeitung finden werde. Es darf daher nur im Vorbeigehen auf die Unangemessenheit der Vorschrift §. 902. die Härte des §. 932., die Ungerechtigkeit des §. 934., da das Alter von 30 Wochen nicht entscheidend ist, aufmerksam gemacht werden. Wie unangemessen ferner sind die Bestimmungen, daß die Entbundene binnen 24 Stunden die Frucht vorzeigen solle (§. 937. im Gegensatz zu §. 902.), daß das bloße Nichtvorzeigen der Frucht ohne alles sonstige Vergehen strafbar ist! Wie ist der §. 946. des Strafrechts, wonach bei Verheimlichung der Schwangerschaft die Entschuldigung der Uebereilung nicht Platz greifen soll, ohne daß der Fehl- und Frühgeburt Erwähnung geschieht, schneidend! Wer sieht nicht, daß die §§. 957. sq., lauter Verdachts- und Präsumtionsstrafen und zwar von bedeutender Härte, sehr oft den Richter zu großen Irrthümern führen können? Auch das ist zu erwähnen, daß die §§. 957. und 959. gewissermaaßen eine culpose Tödtung involviren, während die §§. 960a. 960b. 961. 962. den theils durch den objectiven, theils durch den subiectiven Thatbestand begründeten Verdacht der mörderischen Absicht voraussetzen und also eigentlich extraordinaire Strafen des §. 365. enthalten. Naiv genug ist, daß §. 962. die

Strafe des §. 960b. eine ordentliche nennt. Die §§. 963. 964. beweisen endlich, bis zu welchem Grad der Inhumanität und Härte eine Gesetzgebung sich verirren kann, die den Weg der Natur und Vernunft verlassend, und ihr geradezu entgegentretend, auf bloße Anzeigen und Verdachtsgründe Strafen setzt, als wenn es nicht eine bekannte Thatsache wäre, daß erstens die Natur mächtiger wirkt, als positive unbekannte Vorschriften, zweitens zu harte Strafen nicht mehr abschrecken, und nicht drittens die Erfahrung gelehrt hätte, daß seit der praktischen Geltung des Edikts von 1765 in Preußen dem Verbrechen des Kindermordes keinesweges gesteuert worden, daß nicht Strafgesetze, sondern nur Einwirkung der häuslichen, kirchlichen und Schuldisciplin nützlich sein können. Warum hat das Allgemeine Landrecht die noch einfacheren Vorschriften des Entwurfs verlassen, warum durch eine sophistische Casuistik Widersprüche und Zweifel erregt, die nicht beseitigt werden können? Doch wir kehren von diesem trostlosen Felde zum §. 887. und 965. zurück.

Kindermord wird hiernach an einem unehelichen Kinde und zwar an einem neugeborenen begangen. Wie Klein annimmt (§. 345.), sind darunter noch nicht 24 Stunden alte Kinder zu verstehen, und man muß allerdings nach §. 913. 949. annehmen, daß der Gesetzgeber diesen Termin im Auge gehabt hat, und es scheint dies auch in der Natur der Sache begründet, weil später der Entschuldigungsgrund der Gemüthsaufregung der Gebährerin wegfällt; worin liegt nun eigentlich die Milderung der Strafe der Kindesmörderin? darin, daß die überlegten vorsätzlichen Kindesmörderinnen mit denen, welche bloß einen Kindertodtschlag begangen, gleichgestellt werden!!! (§. 965.) Und warum sollen so ganz verschiedene Verbrechen auf ganz gleicher Stufe stehen? Es sind nur die schweren Verbrecherinnen begünstigt, nicht die leichtern; oder hat das Gesetz der Gebährenden keine Prämeditation zuschreiben wollen? ist denn diese wirklich immer ausgeschlossen? Doch die Strafe des Todtschlags wird hoffentlich künftighin nicht mehr die Todesstrafe sein. Was soll man nun gar zu der Bestimmung des §. 968. sagen, wo wegen Verdachts des Mordes Staupenschlag und lebenswierige Freiheitsstrafe festgesetzt wird? Freilich ist hier die That als erwiesen angenommen, nur fehlt der objective Thatbestand, aber wie konnte eine so harte Strafe, auf Verdacht, der ungegründet sein kann, verhängt werden? Die Strafen des Mitverbrechers durch Unterlassung (culpose oder dolose?) §. 976. 977. sind ungerecht, noch schreiender die der §§. 978. 979., worin sogar die menschliche Würde verletzt wird. Und welche Lücken bieten diese Gesetze? Denn welche Strafe trifft die Schwängerer? und den Dritten in den Fällen der §§. 960 b. 961. 964?

Bei den Vorschriften über die procuratio abortus (§. 985. sq.) ist weniger zu erinnern. Der §. 985. setzt natürlich voraus, daß der Erfolg nicht eingetreten, hier ist nur von dem Conat die Rede. Die expositio infantis (§. 965. sq.) ist im Allgemeinen Landrecht nur hinsichtlich der unehelichen Kinder behandelt worden, und müssen daher bei ehelichen die allgemeinen Grundsätze von der Tödtung zur Anwendung kommen.

Hierher gehört, um alle übrige zerstreute Fälle der Tödtung zusammen zu fassen, auch der Raubmord und der Straßenraubmord (§. 1197. sq.). Die Bestimmungen zeigen, daß der Raubmord härter bestraft wird, als der einfache Mord. (cfr. die §§. 1191. 1192. 1193. sq. und 817. 828.) Ob hierzu und namentlich zu den harten Bestimmungen der §§. 1195. 1196. Grund genug vorhanden war, da andere Motive als Hab- und Gewinnsucht zwar nicht so niedrig sind, aber doch verwerflicher sein können, möchte sich nur durch die Rücksicht auf die Gefährlichkeit des Verbrechens und die Häufigkeit jenes Motivs bejahend beantworten lassen. Im Vergleich mit der Nothzucht scheinen die §§. 1055. und 1056. milder gehalten, als die §§. 1190. und 1191. Es läßt sich gewiß nicht rechtfertigen; doch wird mit dem

Verschwinden der qualificirten Todesstrafen sich auch hier mehr Harmonie finden, eben so auch bei dem Menschenraube (§. 1093.) und der Entführung (§. 1099.). Noch härter sind die Strafen des Straßenraub-Mords (§. 1199.) des Diebstahls und Raubes in Bande (§. 1210. 1211. 1213.) und namentlich sind die §§ 1213. 1215. 1216. 1217., wie schon früher erwähnt, übermäßig streng, wo denn auch der Entwurf nicht so hart ist, und eben so wenig zu billigen, als der §. 1229., wonach Jeder, welcher in seiner Behausung wissentlich Räubereien und Ermordungen begehen läßt, wie der Thäter bestraft werden soll, wo also die Passivität und das Nichthindern der verbrecherischen That völlig gleichgestellt wird. Die harten Bestimmungen bei der Strafe des durch Meineid bewirkten Todes eines Menschen (§. 1412. 1413.) scheinen dagegen vollständig gerechtfertigt wegen der Schwere der concurrirenden Verbrechen, — und die der Tödtung bei Landesbeschädigung (§. 1499. 1502. 1503.), der Brandstiftung (§§. 1511. 1512. 1513. 1514. 1516. 1527. und 1528.), vorsätzlicher Ueberschwemmungen (§§. 1571. 1574. 1575.), welcher inconsequent milder als §. 1512. ist, der Gemeingefahr wegen gerechtfertigt *), wobei jedoch zu hoffen, daß die vorwaltende Talions-Theorie und die qualificirten Todesstrafen verschwinden werden.

Somit sind alle Vorschriften des Preußischen Strafrechts, so weit sie die Lehre von der Tödtung betreffen, erschöpft. Es hat sich aus der Prüfung derselben ergeben, wie nothwendig eine Revision dieser Lehre und abändernde Bestimmungen sind, und daß diese ohne vorherige Berichti-

*) Eben so werden die Todesstrafen bei der Landes-Verrätherei und beim Hochverrath, bei der beleidigten Majestät §§. 102. 105. 107. 108. 109. 110. 111. 114. 134. 136. 197., bei den Verbrechen gegen die innere Ruhe des Staats und der Beamten §§. 163. 164. 170. sq. 313. — 387. 425. 479., durch die Gemeingefährlichkeit und die Schwere der concurrirenden Verbrechen gerechtfertiget.

gung der Grundlehren des Strafrechts nicht zu erreichen ist; daß aber jedenfalls hierbei der Gesetzgeber das Arbitrium des Richters nicht weiter einengen dürfe, als es nöthig ist, um der Willkühr zu begegnen; daß ferner, so wie menschliche Handlungen und deren Triebfedern ihrer Qualität nach unendlich verschieden sind, absolute Strafmaaße unrichtig erscheinen, und der Gesetzgeber daher nur allgemein die Prinzipien aussprechen, dem Richter aber auf Grund concreter Anschauung die Feststellung der Strafe im einzelnen Falle so weit überlassen muß, daß derselbe hinreichenden Spielraum habe, um jenen vielfachen Nüancirungen des menschlichen Willens adäquate Strafmaaße feststellen zu können. Es ist zu hoffen, daß bei der im Werke begriffenen Revision des Allgemeinen Landrechts der Gesetzgeber das vergebliche Streben, für jeden Fall im Voraus Bestimmungen zu geben, vermeiden, und durch allgemeine, wohlerwogene, in der menschlichen Vernunft und Willensfreiheit motivirte Grundsätze die Einseitigkeiten und Härten der bisherigen Strafgesetzgebung zu beseitigen wissen werde. Verfasser dieses würde sich im höchsten Maaße beglückt fühlen, wenn auch nur eine oder die andere aufgestellte Bemerkung Aufmerksamkeit erregen und eine nutzbringende Prüfung veranlassen sollte.

§. 7. Formeller Theil, oder die Lehre von dem Beweise im Criminal-Prozeß überhaupt, und in der speciellen Anwendung auf das Verbrechen der Tödtung.

Es kann mit Recht vorausgesetzt werden, daß nunmehr alle Zweifel darüber geschwunden sind, daß die juristische Gewißheit, insbesondere die im Criminalprozeß, keine andere als die historische ist, daß ihr daher die Evidenz der mathematischen und sogar die strenge Schlußfolgerechtigkeit der logischen Wahrheit abgeht, und daß sie vielmehr nur eine moralische Gewißheit, daß sie also nur Wahrscheinlichkeit ist. Die juristische Gewißheit einer Thatsache ist also diejenige Ueberzeugung, für welche vollkommen genügende Gründe vorhanden sind, wenn nach der gewöhnlichen Denklehre und dem Laufe der Dinge ein erheblicher Grund für die entgegengesetzte Ansicht nicht vorhanden ist, wie sich §. 393. der Criminal-Ordnung ausspricht. Wenn daher die vorhandenen Gründe für die Wahrheit eines Satzes überzeugend sind, so soll nicht auf Grund einer bloßen Möglichkeit des Gegentheils an der Wahrheit gezweifelt werden, so wie diese an ihrer Stärke verliert, wenn entweder die Gründe für dieselbe nicht stark genug oder die Gründe für eine andere Wahrheit hinreichend erheblich sind, um jene als zweifelhaft darzustellen. Welcher Grad von Gewißheit einer Wahrheit aber zur Anwendung einer Strafe genüge, wenn die Gründe für vollkommen überzeugend anzunehmen, das ist die eigentliche Frage bei der Lehre vom Beweise.

Nach den verschiedenen Proceduren und den verschiedenen Rechtsansichten wird die Entscheidung dieser Frage entweder durch positive Vorschriften, die das Ermessen des Richters einengen und bestimmen sollen, gegeben, oder das Gesetz entscheidet darüber gar nicht, überläßt vielmehr die Entscheidung dem Gewissen und dem moralischen Urtheil des Richters der That; die Gesetzgebung bildet also entweder das Urtheil objectiv oder sie versichert sich der Wahrheit der Entscheidung durch die Subjectivität des Richters. Es ist gewiß, daß eben so wenig eine positive Beweistheorie als das moralische Urtheil von Geschworenen eine sichere Gewähr für die Richtigkeit der Entscheidung geben. Keines von beiden Instituten ist an sich verwerflich, beide sind nur Wege zur approximativen Auffindung der Wahrheit. Die Mängel in der positiven Beweistheorie, die Nachtheile eines Geschwornen-Instituts aufzustellen, kann, nachdem so viel Gutes und Schlechtes darüber gesagt worden, nicht Vorwurf dieser praktischen

Ausführung sein. Die Anhänger der positiven Beweis-theorie müssen, wenn sie ehrlich sein wollen, zugeben, daß auch die besten positiven Normen nicht vor Irrthum, Fehlgriffen schützen können und geschützt haben; die Anhänger des Geschwornen-Instituts werden bekennen müssen, daß von der Persönlichkeit der Geschwornen, des Assise-Präsidenten und so vielen andern Einflüssen sehr Vieles, daß die Entscheidung hiebei sehr oft überhaupt vom subjectiven Belieben abhängt, und da ein Rechtsmittel nicht stattfindet, in sofern nur die Formen gewahrt sind, so wohl der Staat als der Angeschuldigte keine genügende Garantieen gegen die Willkühr finden. Beide Institute sind, wie gesagt, nicht ohne Mängel, sie werden aber nur da ihre Rechtfertigung finden, wo sie historisch begründet sind.

Sollte aber nicht ein Weg aufgefunden werden können, der die Vortheile beider Institute vereinigte? Sollte es nicht möglich sein, den Richter über die Rechtsfrage auch zum Richter der Thatfrage zu machen, ihm aber die Beweisvorschriften nicht als bindende positive Normen aufzudringen, sondern seinem durch jene Lehren geläuterten aber freien Ermessen allein die Entscheidung der Frage, ob die Schuld für erwiesen anzunehmen sei, nach eigener Ueberzeugung zu überlassen? Würde hiebei eine Oeffentlichkeit und Mündlichkeit im Betreff des Angeschuldigten und ein Staats-Anwalt eingeführt, der bisherige Instanzenzug aber beibehalten, würde nicht auf diesem Wege die Zweifelsucht, der Köhler- und Buchstabenglaube der Formalisten und die Schlaffheit und Willkühr des subjectiven Beliebens vermieden? würde dann nicht mit mehrerer Sicherheit zu erwarten sein, daß auf der einen Seite das Verbrechen seine gerechte Strafe fände, so weit der irdische Richter sie finden kann, und nicht durch Binden an positive Beweisregeln und moralische Laxität gerade die schwersten Verbrecher der Strafe zum Hohn der Gerechtigkeit entgehen würden, während andererseits die Unschuld sichere Gewähr in der mündlichen Verhandlung vor dem erkennenden Richter, in der kollegialischen Berathung zweier Gerichtshöfe fände? zumal die vom Staat angeordneten Richter theils dem Einflusse des Egoismus entzogen sind, theils aber durch Erfahrung und Studium am geeignetsten erscheinen, die oft so zweifelhafte Frage über die Schuld eines Menschen zu lösen, ohne sich durch politisches und sonstiges Interesse leiten zu lassen, ohne mit vorgefaßter Zu- und Abneigung an die Prüfung zu gehen. Durch Aufhebung der strengen Beweisregeln als eines infallibeln Canons erst wird es möglich werden, die so oft dem gesunden Menschenverstande und der Volksstimme widersprechenden Verdachtstrafen zu beseitigen; nur dadurch wird es möglich werden, einen Indicien-Beweis anzuerkennen, den jetzt noch die Gesetzgebung für unzuläßig hält, obwohl diese Indicien oft schlagender, concludenter und überzeugender sind, als die positiven Beweisgründe. Darf man bei der jetzigen ersten Prüfung der Criminal-Procedur mit Recht erwarten, daß eben so wenig aus Neuerungssucht die Garantieen, welche die Procedur der Criminal-Ordnung bietet, aufgegeben, noch aus starrem Anhängen an überlebte und unpraktische Formen das Gute zurückgewiesen werden werde, welches neuere Criminalphilosophie, fremde Gesetzgebung, so wie die Erfahrung an die Hand geben, so wird die neu aufzustellende Criminal-Ordnuug die Hoffnung rechtfertigen, daß eine möglichst verbesserte Procedur den Zwecken der wahren Gerechtigkeit entsprechen werde.

Was den objectiven Thatbestand der Verbrechen betrifft, so leuchtet es nach Einsicht unserer Criminal-Ordnung klar ein, daß der Gesetzgeber die Wahrscheinlichkeit für genügend hält, um selbst bei schweren Verbrechen die ordentliche Strafe zu verhängen. Denn wenn bei Verstümmelungen das Zeugniß eines Physikus, eines approbirten Arztes oder zweier Chirurgen genügt, §. 141. der Criminal-Ordnung; wenn bei dem Verbrechen gegen die Schamhaftigkeit, z. B. Nothzucht, bei dem schweren Verbrechen der Verheimlichung der Schwangerschaft und Geburt zum Theil gleichfalls das Zeugniß eines Experten ausreicht; wenn die Gewalt beim Diebstahl und Raube durch den Eid des Beschädigten, die Höhe des Werths der gestohlnen Sache sogar durch seine bloße Angabe festgestellt wird, §§. 180. 181. 191. a. a. O., wenn der durch die Brandstiftung entstandene Verlust nur sehr ungewiß ermittelt wird, §. 196. 197, und wenn bei andern Verbrechen, der Münzfälschung, der Fälschung öffentlicher Papiere, dem Cassen-Verbrechen, dem Banquerott, das Gutachten der technischen und sonstigen competenten Behörde genügt, §. 198 u. f. a. a. O., was Anderes als Wahrscheinlichkeit ergiebt sich hieraus und was Anderes geben uns die nach den Regeln der Medicin oft trügerischen und ungewissen Gutachten der Sachverständigen und sogar eines Einzigen? was Anderes als Wahrscheinlichkeit noch viel geringeren Grades giebt das Zeugniß des Beschädigten? Und doch begnügt sich das Criminal-Gesetz damit, und in der That, wie könnte es anders? Und ist es mehr als Wahrscheinlichkeit, die uns bei erfolgter Tödtung durch das Gutachten zweier Sachverständigen gegeben wird? was können sie dem Richter Anderes sagen, als daß nach den frühern Erfahrungen und bisherigen Kenntnissen von der menschlichen Natur und der Natur überhaupt der Tod eines Menschen nicht naturgemäß erfolgt, kein freiwilliger zu sein scheine, daß er ihrem Urtheile nach seinen Grund in jener Verletzung und jenem Gift u. s. w. habe; daß diese Wunde bei besserer Pflege, richtigerer Behandlung hätte geheilt werden können, jene schlechterdings unheilbar sei? Wie viel hängt hier oft ab von der subjectiven Kenntniß der Experten, von den so vielen Zufälligkeiten bei der Aufbewahrung und Section der Leiche, von Zeit und Umständen, von der größern oder geringern Kenntniß der Akten, den bereits erfolgten Ermittelungen und Aufklärungen über den Gesundheitszustand, die Lebensart des denati, die angewendete Heilungsart u. s. w., und was Anderes kann der Richter erwarten als Wahrscheinlichkeiten? Doch wozu führen wir alle diese klaren und anerkannten Wahrheiten auf? Um darzuthun, wie wenig gerechtfertigt es erscheint, wenn der Gesetzgeber hinsichtlich der Thäterschaft stärkern Beweis erfordert, als Wahrscheinlichkeit, und wie überzeugender oft der Indicien-Beweis sei, als der sonst postulirte Beweis durch Zeugen-Geständnisse u. s. w.; wie wenig durch die positive Bestimmung, daß durch zwei Zeugen und ein qualificirtes Geständniß vollkommener Beweis geliefert werde, ein höherer Grad von Gewißheit herbeigeführt wird, als durch eine Menge concludenter Anzeigen; wie sehr wohl die Anwendung der außerordentlichen Strafe entübrigt werden kann, welche nur ein Produkt strikter Beweistheorie, das Surrogat der Ordalien und der Tortur, so wie des Polizeisystems der neuern Zeit ist, und daher mit dem positiven Beweissystem fallen muß.

Betrachten wir die einzelnen Beweismittel, so fällt unser Blick zuerst auf das Geständniß. Es wird supponirt, daß Niemand zu seinem eigenen Nachtheil ein Verbrechen zugestehen und sich der Strafe werde unterwerfen wollen, und daher nimmt man die unbeeidigte Aussage des Schuldigen für erweisend an. Jene Supposition setzt aber voraus, daß der Angeklagte die Wahrheit eingestanden habe, sie habe eingestehen wollen und können. Daß rücksichtlich der Fähigkeit richtig zu beobachten möglicherweise Selbsttäuschung und Irrwahn obwalten und auch ohne Geistesstörung Grund eines unrichtigen Geständnisses sein können, daß die Geistesstörungen, besonders in ihrem Entstehen, sehr schwer zu erkennen sind, das alles wird zugestanden. Man muß auch zugeben, daß vorsätzlich unwahre Geständnisse vorkommen, theils weil das Pönal-Gesetz mindere Uebel droht, als die Noth des Augenblicks, wie dies oft bei Diebstählen, zur Zeit der Noth, besonders des Winters, sich ereignet, theils aber bei schwererern Verbrechen, Schwärmerei, Lebensüberdruß u. s. w. Veranlassung sein können und sind. Wie entfernt nun auch der Verfasser ist, die Kraft eines qualificirten Geständnisses zu verwerfen, so muß er doch behaupten, daß das Geständniß eben so wenig wie andere Beweismittel Gewißheit gebe, sondern immer der Schluß, daß das Geständniß in casu wahr sei, von der Richtigkeit der Prämissen, daß der Gestehende die Wahrheit habe sagen können, und auch wollen, abhänge, deren Feststellung wiederum auf logischen Schlüssen und Indicien beruht, und auf Präsumtionen aus der menschlichen allgemeinen Natur basirt ist, die sich nicht immer bestätigen. Also selbst die Regina probationum ist nicht infallibel, und doch begnügt sich der Richter und Gesetzgeber mit Recht bei derselben, und selbst, um die Todesstrafe auszusprechen; und doch warum wird hier bei dem objectiven Thatbestand zum Theil eine Ausnahme gemacht, warum soll des Eingeständnisses ungeachtet bei den schweren Verbrechen der Beweis noch sonst festgestellt werden? §. 300. der Criminal-Ordnung. Daß bei denjenigen verbrecherischen Handlungen, deren Erfolg und Causalnexus zu beurtheilen technische Kenntnisse erforderlich sind, das Geständniß nicht ausreichen kann, ist einleuchtend, aber ungegründet dürfte ein Zweifel da sein, wo es jener Kenntniß nicht bedurfte. Es ist also ohne Grund, einen geständigen Verbrecher, der uns erzählt, daß er einem lebendigen Menschen, mit dem er gesprochen u. s. w., mit dem Beil den Kopf abgehauen, mit einer Kugel den Kopf zerschmettert oder sonst klar und einleuchtend getödtet, z. B. von einem Felsen heruntergestürzt, ertränkt, erstickt und hiernächst den Körper der Obduction entzogen und vernichtet habe, von der vollen Strafe zu entbinden, weil der Beweis des Thatbestandes nicht aufgenommen sei. Als wenn dieser mehr als Wahrscheinlichkeit gäbe, als wenn das Geständniß nur Beweiskraft hätte, um die Thäterschaft festzustellen, als wenn die Glaubwürdigkeit des Geständnisses durch den Mangel der Obduction geschwächt würde, als wenn der objective Thatbestand im Allgemeinen mehr Gewißheit erforderte, als die Thäterschaft und die Zurechnungsfähigkeit, als wenn die Folgen eines falschen Geständnisses hinsichtlich dieser minder wichtig wäre! Daß der Inquirent angewiesen wird, alle möglichen Ausmittelungen anzustellen, ist gewiß sehr zweckmäßig, da bei der Approximation zur Wahrheit ein höherer Grad der Wahrscheinlichkeit sehr wichtig und gewiß wünschenswerth ist; daß aber der erkennende Richter bei einer etwanigen Unmöglichkeit der Ermittelung einzelner Umstände deshalb an der Wahrheit zweifeln soll, läßt sich gewiß nicht rechtfertigen, ohne der Logik und der Vernunft zu widersprechen.

A posse ad esse non valet conclusio.

Andererseits muß man in den Vorschriften der §§. 300. u. f. der Criminal-Ordnung das Zugeständniß des Gesetzgebers anerkennen, daß er dem Geständniß selbst keine volle Gewißheit einräumt.

Was den Urkundenbeweis anbetrifft, so nimmt der Gesetzgeber offenbar an, daß öffentliche Dokumente vollkommen beweisen sollen; was die eigenen des Angeschuldigten betrifft, so reducirt sich der Beweis wieder auf das Geständniß §. 383. l. c. und wenn nicht Zeugenbeweis eintritt, auf Vergleichung der Handschriften. Letztere giebt §. 385. a. a. O. nur die Kraft eines Indicii, während die Allgemeine Gerichts-Ordnung ihr vollen Beweis gewiß mit Unrecht einräumt, da die Erfahrung genug zeigt, wie ähnlich verschiedene Handschriften, wie abweichend die Meinungen der Sachverständigen sind, und wie leicht Handschriften bis ins Täuschendste nachgeahmt werden; es gewährt dieselbe keinen hohen Grad von Wahrscheinlichkeit an sich, sondern bald bloß Möglichkeiten, bald mehr oder weniger Wahrscheinlichkeiten. Aber zwei Zeugen sollen vollen Beweis liefern über das, was sie mit eigenen Sinnen wahrgenommen? Auch hier wird vorausgesetzt, daß sie Wahrheit haben auffassen und wiedergeben können und wollen. Auch sie geben nur Wahrscheinlichkeit, abgesehen vom bösen Willen und Irrthum der Zeugen. Wie rechtfertigt sich der alte Satz, daß gerade zwei Zeugen die volle Gewißheit geben sollen, warum erfordert das Gesetz nicht drei, sieben, zehn u. s. w., warum begnügt es sich nicht mit einem, wie es in der fiskalischen Untersuchung zum Theil der Fall ist? worin liegt denn der innere Rechtfertigungsgrund der positiven Satzung, von welcher des Menschen Leben und Ehre abhängig gemacht wird? in dem Glauben an menschliche Tugend und Wahrheitsliebe? wie oft ist derselbe bereits getäuscht worden, und wie oft wird er es noch werden! und bietet etwa der Eid der Zeugen einen so starken Schutz gegen den bösen Willen? besonders in neuern Zeiten, wo der Mangel wahrer Religiosität und Gottesfurcht sich immer häufiger zeigt, und der Eid bald eine leere Formel, bald eine Erwerbsquelle geworden ist. Wer denkt nicht hier an die Consacramentalen der alten Deutschen, bei welchen der Eid offenbar nicht die Wahrheit einer Thatsache, sondern des subjectiven Urtheils der Zeugen über die Persönlichkeit des Handelnden abgab, und wo also ein Meineid, wenn auch kein subjectiver, doch ein objectiver, nothwendig war; und die sogenannten zwei klassischen Zeugen sollen also Gewissenheit geben? Mit nichten! eben so wenig als das sachverständige Gutachten der Experten, als der richterliche Augenschein, wenn auch dieser (nur muß er nicht etwa von einer Gerichtsperson allein aufgenommen worden sein. §. 46. sq. und Criminal-Ordnung) durch die Glaubwürdigkeit der Personen an Stärke gewinnt. Die zwei klassischen Zeugen geben also ebenfalls nur Wahrscheinlichkeit, diese muß aber dem erkennenden Richter offenbar genügen, wie dies auch §. 393. a. a. O. anerkennt. Was also der Gesetzgeber einen vollen Beweis, Gewißheit nennt, ist nur ein hoher Grad von Wahrscheinlichkeit, daher ist denn auch in dem §. 396. nur von einer schwächern Wahrscheinlichkeit die Rede. Es beruht demnach die Anwendung der gesetzlichen Strafen auf der moralischen Ueberzeugung der Richter von der Wahrheit einer Thatsache. Daß diese eben so wohl und oft weit mehr durch den Indicienbeweis als durch Zugeständniß und Zeugen zu erlangen, darüber wird wohl jetzt kein Zweifel mehr obwalten; die Stärke und innere Harmonie der Anzeigen ersetzt sehr leicht das, was denselben an äußerer Anschaulichkeit und Evidenz abgehet, und es ist daher gewiß nicht zu rechtfertigen, wenn dem Indicienbeweis die volle Beweiskraft entzogen wird, wie dies jetzt noch der Fall ist. Denn die Annahme, der §. 393 der Criminal-Ordnung beziehe sich auf Indicienbeweis, ist weder historisch noch den Gesetzesworten nach gerechtfertiget, indem die vollkommen überzeugenden Gründe, welche der §. erfordert, wiederum nur auf Geständniß, Zeugniß und richterlichen Augenschein sich beziehen können, und die Wirkungen der Anzeigen erst §. 398. u. f. a. a. O. festgestellt werden. Wie inconsequent das Gesetz hiebei ist, tritt um so schlagender hervor, wenn man erwägt, daß die Beurtheilung, ob ein Verbrechen mit Vorsatz oder aus Fahrlässigkeit begangen worden, aus den Umständen entnommen wird, §. 276. der Criminal-Ordnung, und daß nur im Zweifel, wenn die Anzeigen des dolus und der culpa gleich stark sind, culpa angenommen werden soll; denn daß hiervon und von der Richtung des Willens die wichtigsten Folgen abhängen, kann namentlich bei der Lehre von der Tödtung Niemandem entgehen. Es soll also der animus des Thäters durch Indicienbeweis festgestellt werden können, wenn der Thäter nur der factischen Handlung geständig oder überwiesen ist; und da die Natur der Sache (denn welchen Beweis des innern Wollens giebt es anders als Induction aus der That und deren Umständen, da selbst das Geständniß des Thäters hierbei nur sehr unsicher ist) das Gesetz gezwungen hat, dieser Theorie zu huldigen, warum soll nun nicht auch der Indicienbeweis hinsichtlich des corpus delicti und der imputatio facti genügen? Hat nicht das Preußische Criminal-Recht selbst in vielen Bestimmungen factische Präsumtionen zu gesetzlichen erhoben, und jenen Anzeigen hierdurch die Kraft der Beweise verliehen. Wie willkührlich ist nicht überhaupt jede positive Beweistheorie, die z. B. dem Beschädigten

6 *

rücksichtlich des objectiven Thatbestandes zum Theil vollen Glauben schenkt; rücksichtlich der Thäterschaft aber ihn offenbar als einen verdächtigen Zeugen ansieht. Zwar sind diese Bestimmungen an sich wohl begründet, so weit sie die Verdächtigkeit des Zeugen aussprechen, allein soll wohl der Thatbestand mit Recht für vollkommen dargethan erachtet werden, wenn der Beschädigte dies behauptet, und zwar in allen denen Fällen, in welchen nicht sonst die Unglaubwürdigkeit des Beschädigten erwiesen ist?

Aus dem Gesagten erhellt wohl genügend, daß es bei Abfassung des Straferkenntnisses vorzugsweise darauf ankömmt, ob der Richter die moralische innere Ueberzeugung von der Schuld oder Unschuld erhalten hat; mag ihm diese durch die vorgeschriebenen positiven Beweismittel, namentlich Geständnisse und Zeugen, mag sie ihm durch Anzeigen geworden sein, gleich viel, wenn er nur pflichtmäßig die Sache erwogen und seiner Eidespflicht gemäß erkläret, daß er überzeugt worden. Gründe dieser Ueberzeugung wird er allerdings aufstellen müssen, damit sie einer andern Prüfung unterlegt werden können, sie werden aber nicht unbedingt in der vorgeschriebenen Beweistheorie beruhen müssen, sondern sie werden eben dieselben sein können, welche die historische Beweisführung, welche die Logik erfordert. Man kann auch nicht sagen, daß die positive Beweistheorie mehr Gewißheit und gewissermaaßen mehr objective Wahrheit gebe, als die Entscheidung nach subjectiver Ueberzeugung der Richter. Denn theils sind die Beweisgründe, namentlich für die innere That nicht objectiv festgestellt und der subjectiven Meinung überlassen, theils hängt ja die Prüfung jedes positiven Beweismittels und die Entscheidung, ob dasselbe vollkommen beweise, geschwächt, oder vernichtet werde, wiederum von den Grundsätzen der Logik und Denklehre, und von der subjectiven Ansicht der Richter ab. Der erkennende Richter kömmt daher immer nicht aus dem Kreise der Subjectivität heraus. Wird daher vorausgesetzt, daß die Entscheidung der Thatfrage kundigen und parteilosen Richtern in kollegialischer Berathung anheim gegeben wird, welche nicht nach bloßen Gefühls-Ansichten ihr Für oder Gegen aussprechen, sondern nach Feststellung dessen, was sich ermitteln läßt, logisch prüfen und urtheilen, so wird dadurch, daß dem Ermessen der Richter, ohne sie an eine starre Beweistheorie zu binden, die Entscheidung überlassen bleibt, die Sicherheit der letztern nicht gefährdet werden. Denn die Garantie, welche scheinbar durch positive Beweisregeln gewährt wird, obwohl die einfache Mehrheit dafür oder dagegen entscheidet, läßt sich für den Staat, den Beschädigten und den Verbrecher gewiß anderweitig und im größeren Maaße erreichen. Denn werden unter Beibehaltung der Schriftmäßigkeit bei Verhandlungen der Angeklagte, und wo es nöthig ist, auch die Zeugen von dem erkennenden Richter gehört, ist dieser nothwendig ein anderer als der untersuchende, wird die Zahl der erkennenden Richter, im Kapitalverbrechen namentlich, mindestens auf Fünf festgestellt, welche auf Grund doppelter schriftlicher Vorträge ihr Urtheil abgeben, werden die Entschuldigungsgründe veröffentlicht, und sowohl dem Staats-Anwalt als dem Beschuldigten ein Rechtsmittel gestattet, so ist gewiß nicht zu fürchten, daß einerseits Rechtsunsicherheit, andererseits Härte gegen den Angeschuldigten daraus hervorgehen werde. Während bei dem Verfahren der Criminal-Ordnung in der Regel Verdachtsstrafen, welche theoretisch nie gebilligt werden können, verhängt werden müssen, und kein Theil die Ueberzeugung hat, ob auch die Beweisregeln richtig angewendet worden, — denn das Geständniß so wie die Zeugenaussagen kommen nur mittelbar und indirekt zur Kenntniß des urtheilenden Gerichts —, während hier die Verbrechen, da der Indicienbeweis verworfen ist, nur zu nachsichtig beahndet werden, nähert sich das Institut der Geschwornen nur zu sehr dem Gottesurtheil des Mittelalters; die zufällige Zusammenstellung der Jury, die zufällige Rednergabe des Präsidenten der Assise und die Stellung seiner Fragen, so wie der persönliche Einfluß des Angeschuldigten üben hier eine Macht aus, deren Resultate nur zu oft mit Recht von der Vernunft verworfen werden müssen. Dieses Institut laborirt zu sehr an der Subjectivität der Richter: es ist nicht geeignet; zumal da gegen die Volksstimme, die hier repräsentirt wird, wie natürlich, eine Appellation nicht Statt hat, noch haben kann, weil eine zweite Jury nicht mehr Gewähr giebt als eine erste; denn diese zweite hat nicht Gründe zu prüfen, die die erste bestimmt haben, wie bei einem zweiten Richter-Collegio, sie spricht vielmehr eben so ihre moralische Ueberzeugung ohne Gründe und orakelmäßig aus. Das Institut der Geschworenen ist also nicht geeignet, den Staat zu sichern, den Angeschuldigten zu schützen; seine Elemente beruhen zu sehr auf der Willkühr, als daß es dem alten Verfahren vorgezogen werden sollte, wonach der Richter, welcher das Strafgesetz anwendet, auch die Thatfrage nach offen gelegten Gründen entscheidet. Die Einführung eines Staats-Anwalts, die Oeffentlichkeit und Mündlichkeit rücksichtlich des Angeschuldigten, die kollegialische Entscheidung mehrerer Gerichtshöfe nach ausgesprochenen Gründen, werden erst im Stande sein, sobald dem richterlichen Ermessen ganz allein die Beurtheilung der Kraft der Beweismittel überlassen wird, die Mängel beider Systeme zu beseitigen.

Nur wird es nothwendig, ein bestimmtes Verhältniß rücksichtlich der zur Verurtheilung erforderlichen Stimmenzahl auszusprechen, und in dieser Beziehung dürfte es angemessen erscheinen, Zweidrittheil, also eine absolute Majorität zu erfordern. Die außerordentliche Strafe des Verdachts dürfte aber gänzlich zu verwerfen sein; verdächtige Angeschuldigte mögen auf bestimmte Zeit unter die Aufsicht der Polizeibehörde gestellt, bestraft können sie nicht werden. Wird aber der Indicienbeweis zur Anerkennung gebracht, so ist auch gar nicht zu besorgen, daß schwere Verbrecher der Strafe entgehen sollten, denn in der Regel wird da, wo jetzt auf Grund der Indicien außerordentliche Strafen bis zur bedeutendsten Höhe erkannt werden, in Folge eines freiern Beweissystems die Strafe des Gesetzes verhängt werden können. Durch das dem Staats-Anwalt und dem Beschuldigten gestattete Rechtsmittel gewinnt der Staat und der Angeklagte um so mehr Schutz gegen subjectives Belieben. Von selbst versteht es sich aber, daß, wenn in der zweiten Instanz auf Strafe erkannt, oder die ausgesprochene geschärft wird, dem Angeschuldigten eine dritte und letzte Instanz offen stehen muß, damit der allgemeine Grundsatz nicht verletzt werde, daß in Angelegenheiten der Straf-Justiz die Meinung für den Angeschuldigten entscheide, und daß das noch gänzlich fehlende Rechtsmittel der Nullität auch in materieller Rücksicht eingeführt werden muß.

Sit venia verbis.

Gedruckt bei Brandes und Klewert in Berlin, Roßstr. No. 8.

FSC
www.fsc.org
MIX
Papier | Fördert
gute Waldnutzung
FSC® C083411

Kolibri 360 GmbH
Ferdinand-Jühlke-Straße 7
99095 Erfurt, Deutschland
produktsicherheit@kolibri360.de